没有遥不可及的孩子

改善父母与子女
亲密关系的
52种方法

[丹麦]杰斯珀·尤尔　——著　董晓男——译
Jesper Juul

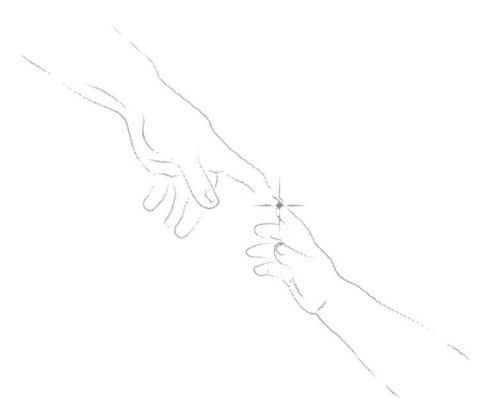

新华出版社

图书在版编目（CIP）数据

没有遥不可及的孩子：改善父母与子女亲密关系的52种方法 /
（丹）杰斯珀·尤尔著；董晓男译.
——北京：新华出版社，2024.9
ISBN 978-7-5166-7495-6

Ⅰ. G780

中国国家版本馆 CIP 数据核字第 2024KG8778 号
著作权合同登记号：01-2024-2937

Es gibt keine unerreichbaren Jugendlichen!
(There Are No Unreachable Kids!)
by Jesper Juul
© 2023 by Kösel-Verlag
a division of Penguin Random House Verlagsgruppe GmbH, München, Germany
ALL RIGHTS RESERVED
中文简体版专有出版权归新华出版社所有

没有遥不可及的孩子：改善父母与子女亲密关系的52种方法

著　者：[丹麦]杰斯珀·尤尔　　　　　　译者：董晓男
出版发行：新华出版社有限责任公司
（北京市石景山区京原路 8 号　邮编：100040）
印　刷：河北鑫兆源印刷有限公司

成品尺寸：145mm×210mm　1/32　　印张：6.5　字数：100 千字
版　次：2024 年 9 月第 1 版　　　　印次：2024 年 9 月第 1 次印刷
书　号：ISBN 978-7-5166-7495-6　　定价：58.00 元

版权所有·侵权必究
如有印刷、装订问题，本公司负责调换。

微店

视频号小店

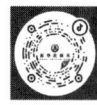
抖音

京东旗舰店

扫码添加专属客服

微信公众号　喜马拉雅

小红书

淘宝旗舰店

前　言

马蒂亚斯·弗尔切特

2009年春天，我和杰斯珀·尤尔坐在慕尼黑美丽的奥迈斯特酒馆里。在那个夜晚，我们萌生了举办一次家庭实验室研讨会的想法，该研讨会于2009年10月19日至20日在慕尼黑的弗赖海茨大厅举行。令人欣喜的是，研讨会门票迅速售罄。次年，我们制作了有关该研讨会的DVD，名为《是孩子遥不可及，还是我们无法触及》。

现在，你可能会问，杰斯珀·尤尔为什么在这次活动过去约十五年后才出版一本关于这个主题的书。答案很简单，因为从那时起，我们青少年的问题日益加剧，无论是由于父母把时间和精力更多地投入他们的工作，还是由于新兴的"电子家庭成员"，或者是来自学校的巨大压力，学校几乎只关注学生的成绩，导致80%的学生感觉被忽视。

你还可能会问，为什么一本关于难以接触的青少年的书中还会包含与只有五六岁孩子的父母的对话。对此我有两个答案。

首先，我们在家庭咨询中一再发现，青少年的行为问题深植于他们的童年。这意味着许多青少年在青春期暴露出来的问题都是长期形成的。当然，青少年周围的成年人在青少年问题的形成过程中也起到了一定的推波助澜的作用。

其次，我们观察到，当父母察觉到他们处于青春期的孩子慢慢变得独立，并逐渐脱离他们的影响时，他们会试图启动一种教育加速器。父母们似乎在最后一刻仍试图按照自己的意愿塑造他们的孩子，而非相信孩子已经自立。

杰斯珀·尤尔阐述了本次研讨会的目的："在

前 言

过去的二十年里，成年人和专家普遍将一些年轻人定义为'从教育的角度来看无法沟通的人'。媒体和政客也纷纷加入了这一行列，这种防御性态度通过他们不专业的表达方式——'是你难以沟通'，而不是'我没能与你进行沟通'——很容易被识别出来。后一种说法表达了父母希望与这些年轻而孤立的男孩和女孩有效接触的愿望。我认为这种愿望依然存在于父母和专业人士的心中。"

尽管我们已经尝试了我们所知道的所有方法和策略来与青少年进行沟通，但收效甚微。我认为，这需要一个全新的范式——彻底改变我们的立场和态度。如果不冒险进行尝试，我们将继续以不同的形式重复相同的事情，并以失败告终。

大多数专家都知道，"更严格的限制""更严厉的惩罚""更严明的纪律"和"立竿见影的后果"不过是政治上用来掩饰我们无能为力的托词。在当今的教育中，父母和教育者拥有多种方法可供选择。归根结底，教育者可分为两类人：一类人坚信与儿童和青少年建立主体－主体关系的必要性，而另一类人则认为，在主体－客体关系的基础上进行工作才是正确的。

我们希望对这两种范式进行深入研究，并促成它们之间的对话。年轻人应该有机会像那些知道如何与青少年打交道的成年实践者一样发表自己的意见。我们希望通过这种方式能够更清晰地表达这两种立场，并为讨论注入新的活力和乐观情绪。

我曾为杰斯珀·尤尔出版过早期作品《青春期：当教育不再奏效》。《没有遥不可及的孩子》在某种程度上是这本书所引发的对话的延续。这是一场成年人之间关于教育风格、责任、作为或不作为的对话。它旨在为父母展示如何更好地与自己和孩子进行有效沟通的方法。在这个过程中，指责青少年所谓的不当行为或情绪激动都是无益的。真正有帮助的是看清事实：现有的冲突总是一个缩影，就像电影中的一个片段，我们此刻看不到它的开头和结尾。作为父母和成年人，我们经常对未来充满恐惧，因为我们不相信我们已经做到的事情。我们将这种不确定性投射到我们的孩子身上，从而削弱了他们的力量。而实际恰恰相反，他们需要的正是我们对他们的能力充满信心，需要的是我们的鼓励："你能行！"他们不想要我们因为未能成为他们心中所期望的父母而感到沮丧和失望。

如果这与你的情况相符，那么，现在你是时候该承认并坦诚面对自己的错误和疏忽，同时为此承担责任。因为作为父母，我们始终都参与其中。虽不能说孩子的问题源于父母的错，但父母确实有一部分责任。也正因为如此，父母拥有影响力。让父母利用这种影响力，首先反思自身，为家庭设定一个新的基调，摆脱相互指责，转向自我承担。只有这样，青少年才能从作为父母的我们和其他成年人身上受益。因为在某种程度上，他们的"养分"来自我们丰富的经验，来自我们的信心、反思和有益的认识。这也让他们免于走上痛苦的自责之路。

如果我们作为父母能够将教育转化为与青少年之间的良好关系，那我们就能为他们的未来奠定最坚实的基础。这样，我们给他们的感觉是，他们可以做自己，我们并不想改变他们。这种人本主义对每个人都有好处。这并不意味着我们必须接受他们提出的一切。然而，每个人都需要朋友，尤其是在事情搞砸的时候。作为父母，我们应该是孩子最亲密的朋友。这种无条件的信任是我们从孩子那里得到的礼物，如果我们正在失去它，那么现在就是我们要重新得到它的时候。该怎样做呢？这本珍贵的书中将详细地加以解释。

有一句俗语："小汉斯学不会的，大汉斯永远也学不会。"但实际上，这句话应该是："小汉斯没有学到的，大汉斯可以学。"作为父母，我们需要有这样的信心。因为有一点是肯定的：教育是在字里行间进行的，而且在很大程度上是非言语的。教育是示范，是身教，是陪伴。教育是我们作为父母在生活中所做的一切行为，例如，我们如何相处，如何争吵，如何分开，如何表达爱意，如何生活。这些都会影响我们的孩子，驱使着他们效仿我们或试图做出相反的事情。

前　言

因此,将杰斯珀·尤尔关于平等的基本思想理念传播到世界各地就显得尤为重要。这个理念是"每个人都享有同等的尊严,但每个人又各不相同。年长者对年轻人负有责任。拥有权力的人也有特殊的责任。"如果这种尊严平等的思想能够得到更多人的支持,我们就会迈向一个更加美好的社会。

在出版这本书的过程中,我再次被杰斯珀·尤尔的独特态度所震撼:他对客户没有任何目的;在他的问题中没有丝毫的谴责;他只是对对方感兴趣,并真正想理解对方的内心。他说:"最重要的是保持好奇心和开放的心态。"他的座右铭是:"我就在这里,你是谁?"

在家庭实验室研讨会的演讲中,杰斯珀·尤尔向与会者分享了他的全部知识。这些知识基于他与家庭、学校和专业人士打交道的丰富经验,包含了我们可以立即采纳的实用理念。他的价值观和经验汇集在一起,我想没有比这更好的了。这对于家长来说就是一座金矿!

愿你在家庭中践行这些理念,并取得最大的成功。

致以最亲切的问候!

马蒂亚斯·弗尔切特

德国家庭实验室创始人,2006年至2022年担任该实验室负责人

目录

CONTENTS

1 前言

001 平等对待

005 我们真的想要培养强大的孩子吗?

007 父母的权力

009 给予孩子空间

016 我们的孩子应该成长为健康的成年人

019 对孩子说"不"的恐惧

022 友好引导和共情陪伴

025 个人责任——对于父母和孩子

029	强制和选择自由
032	勇气、支持和责任
036	一种新的对话文化
047	兄弟姐妹的竞争
054	家庭新成员
060	Take five！（等待五分钟！）
066	儿童与色情
070	是孩子遥不可及，还是我们无法触及？
073	社会共同责任
076	我们必须做什么？
078	我可以做自己吗？
083	培养自信心
085	批评的影响
087	我们该如何对待那些不愿意参与的孩子？
090	个人责任和真正的认可
093	全日制学校
095	信任而不是驯服
097	建立关系而非工作项目

101	超负荷，还是挑战？
105	挫败和恐惧
112	不是袖手旁观，而是建立关系
115	办法总比困难多
118	建立关系的能力是可以学习的
121	我们受什么价值观驱动？
124	一个全新的形象
127	我们必须展露自己的脆弱
129	直接询问青少年
134	孤　独
138	将重点放在家庭上
141	承担，超负荷承担，还是不承担？
143	对自己说"是"——一个至关重要的能力
149	自我意识和自信心
153	没有个人完整性，就没有自我意识
156	存在性层面
159	你可以对自己负责
164	感受自己对他人的价值

- *168* 谈谈重要的事情
- *171* 智能手机成为家庭成员？
- *174* 对待手机的方式
- *178* 抗抑郁药
- *180* 个人关系的本质
- *183* 我们需要一种新的生活方式
- *185* 我的建议
- *187* 马蒂亚斯·弗尔切特致谢词
- *189* 附　录

平等对待

在担任家庭治疗师之前,我曾与有行为问题的青少年及其家庭合作。在临床实践中,我发现,作为一位父亲和教师,我之前学到的关于发展心理学的知识都是错误的。这几乎让人难以置信,但当时在我周围,有五六十个人都有着相同的经历。随后,我怀着一种不安的情感出版了《你的孩子无所不能》这本书。在此之前,我向一位好友请教过:"我不知道我是否有勇气出版这本书,因为这只是我从实践中发展出的理论,不是真正的研究。"对此,她的回答是:"你完全可以放心,研究结果一定会证实你的理论。"实际上,在那个时期,美国的儿童和青少年分析师丹尼尔·斯特恩（Daniel Stern）已成为婴儿实证研究领域的领军专家之一。他引领了一批新一代的精神分析师首次关注了人际关系的普遍问题，而我所有的个人经验都得到了证实，如"儿童是可以合作的"的理念。随后，脑科学研究登上历史舞台，人们发现了镜像神经元[①]。

对我个人而言，令我感到欣慰的是，我能够亲自与许多父母交流，并向他们解释，他们的孩子并非"难以相处"，只是看似这样而已。而孩子的行为实际上是给父母的一份礼物。这份礼物我们必须接受、打开并理解，然后一切都会好起来。

我可能也有一些不在治疗方面而是教育方面的天赋，换句话说，我能够让父母更好地理解这个理念。随着时间的推移，我发现许多父母听到这一观点后都感到自己从传统的困境中解脱了出来。大多数父母心里会有一个想法："我一定要以与我的父母完全不同的方式去

---

① 镜像神经元：人类有一群被称为"镜像神经元"的细胞，激励我们的原始祖先逐步脱离猿类。它的功能是反映他人的行为，使人们学会从简单的模仿到复杂的模仿，由此逐渐发展了语言、音乐、艺术等。

养育孩子!"

当时，父母和专业人士的积极反馈让我收获了莫大的支持，这鼓励着我继续坚定地走下去。多年来，对我而言这项工作从未失去吸引力，我非常乐意谈论它，因为这是我的激情所在——可能就像有些人对数学痴迷一样。有几个少年曾生动地描述过这一点，他们有一位对数学充满热情的老师，"他真的是热爱数学啊！当他听说我们中有十一个人不喜欢数学时，他几乎眼含热泪地说：'天啊，这是一份珍宝，多美啊！你们怎么可能没有发现呢！'之后，不到三四天的时间，我们便豁然开朗，突然之间我们真的开始喜欢上了数学"。

这与我在与教育工作者和家长相处的过程中所获得的经验一样。

我们对待成年人的方式应该和他们对待自己孩子的方式一样——平等对待，而非责备。

我相信，我在德国取得成功的一部分原因在于我不责备他人，不引发他人的负罪感，也不激发他人的愧疚感。有罪的概念或许更适用于教堂，然而这一概念在教育学中并不适用。

| 没有遥不可及的孩子　　改善父母与子女亲密关系的52种方法

我最大的幸福就是，那些多年来一直争论不休的家庭来找我进行咨询，然后，在短短的四十五分钟内，分歧奇迹般地得以化解了，他们重新开始进行富有成效的对话——这种感觉让人上瘾！这令人如此惊喜！比成为一名讲授型教师要惊喜得多！

我们真的想要培养强大的孩子吗？

尽管上一代成年人试图改变自己的行为，但我们现在依然看到，他们实现持久改变的意愿还不够强烈。基本上，父母和教育工作者想要的与他们的上一代完全相同——他们只是希望通过"更和善"的方式来实现，因此他们表现得友好、温和和民主，但依然要求孩子服从并表现得乖巧、友善和有礼貌。

在德国，有一项运动叫作"强大的父母——强大的孩子"。然而，我经常问自己和父母们："我们真的想要强大的孩子吗？我们真的知道如何与强大的孩子相处吗？"事实证明，很多父母并不真的想要这样的孩子，或者担心为此将会付出巨大的代价。

当然，教育工作者有自己的想法，她们不想得罪任何人，可以说我们的托儿所和幼儿园的教育是在 10% 的能力和 90% 的道德观念培养基础上建立的。而这种道德观念在儿童的生活中越来越早地影响他们。例如攻击性，人们仿佛给它挂上了一个大大的禁止标志。除了攻击性，还有性。换句话说：

我们总是倾向于禁止孩子们接触生活的一切本质，即便我们不能完全禁止，也只允许他们接触一点点。

我们向孩子们灌输的观念是"你不能不快乐。妈妈不想要不快乐的孩子！如果你有时感到有点难过，那还可以，但就只能到此为止"，或者"很遗憾，你不能生气。这是禁止的！你可以感到烦躁，但不能生气，更不能打人！"。

教育工作者和家长禁止孩子表达这些基本的情感，并且互相推卸责任。教育工作者声称，是家长希望这样；而家长则说，他们是在贯彻教育工作者所谓的理念。

父母的权力

在传统的权威教育与放任主义的对立中，我们难以找到问题的答案。相反，我们需要在我们已经相当了解的现象之上，证明并建立一些完全不同的理论。

成年人似乎仍然很难承认他们的孩子愿意合作。

孩子们实际上总是想让父母开心，但父母似乎很难放弃他们的权力。我这里所说的是"表面"的权力，指的是父母能够决定孩子何时上床睡觉、是否可以在天气晴朗的时候吃一两个冰淇淋，或者孩子应该选择加入网球还是足球俱乐部。父母和老师只会谈论这种权力。但他们从不谈论父母为何拥有巨大的权力，原因很简单：他们的孩子会顺从一切。

此外，还有一种侧重于强调孩子的不足，而不是发掘其潜力的教育方法，这是一种非常可怕的方法。我曾经和 12 名逃学的 17 岁青少年及其父母在挪威相处了几天。这些青少年大多数都有很大的问题。然而，不得不说，"逃学"的判断几乎是错误的，或者说是不准确的。起初，他们都受到了老师和学校的排斥，然后才拒绝继续上学。这些青少年都有数学方面的问题。然后，他们在一个岛上的训练营中与优秀老师共度了六周，其中 90% 的青少年在四周内所学的知识相当于其他孩子六年所学的数学知识。鉴于这些青少年自尊心受损，这是一个非常了不起的结果。

我们还发现，不管父母是否愿意，他们都与孩子在学校的表现息息相关。当孩子在学业上遇到问题时，在一定程度上有父母的原因；当孩子在学校取得成功时，父母同样也发挥了作用。

给予孩子空间

我们似乎更愿意把注意力放在成绩和结果上,而不是给予孩子更多的空间。这种情况既出现在教育者身上,也出现在父母身上。然而,他们大多数人都很清楚,拥有个人话语权、能够坚持自己的意愿、了解自己的界限,并尽可能真实地表现自己是多么重要。而所有这些都是孩子与生俱来的能力!然而,不幸的是,大多数父母都在竭力剥夺他们孩子身上的这些能力,尽管他们知道这些能力至关重要。

可惜父母花费了大量的时间和精力,以高高在上的态度对待他们的孩子,教他们如何做个有礼貌的好孩子:"打招呼!""握手!""说谢谢和请!"但由于身高差，父母只能从上面看到孩子的头发而看不到他们的脸，所以他们没有意识到这些指示对孩子来说是极其令人不快的。如果孩子能用语言表达自己的感受，他可能会说："爸爸，你能等一会儿吗？我不仅愿意，而且能够这样做，但这需要一些时间。我愿意这样做，因为我观察过这个世界的成年人，他们都是这样做的，而我也想融入其中。"

然而，父母宁愿要一个没有自我意识的孩子，也不愿要一个连"你好"都不会说的孩子，尽管他们并没有意识到这一点（否则，他们就得为他们的无知负责），但他们会自动这么做。教育工作者也会这样做，因为他们相信这种教育对孩子的一生至关重要。因此，无论是在叛逆期、青春期还是在之前或之后，他们都难以接受孩子表现出的任何自主性。

◎ **叛逆期**

孩子两岁前后开始经历第一个自主阶段。第二个这样的阶段通常被称为青春期。这两个阶段的目标都是实现更强的自主性。在这里，我想要回答关于这个主题我经常被问到的一些问题。

◎ 为什么大多数孩子都有叛逆期？

实际上并非如此。这是一个自然的发展阶段，两岁前后的孩子正在摆脱对父母的完全依赖，逐渐发展成一个独立的个体。这种发展在两到三岁之间尤为强烈，并在青春期再次出现。这意味着，父母试图阻止或干预孩子的这种发展时，会遇到阻力。有人将这种阻力视为"叛逆"。而在这个年龄段，孩子需要父母的重视、欣赏和引导。

◎ 这个阶段为什么在有些孩子身上表现得不那么强烈？

父母越是试图干预并设立界限，就越可能引发权力斗争。

◎ "叛逆期"对哪些方面的发展至关重要？它到底重不重要？

这个阶段对于孩子发展新技能、培养自信心和自尊心至关重要。它对于父母与孩子之间关系的特点和质量也同样重要。

对于一个两岁的孩子来说,让他变得友善、温和和顺从相当容易,这样的行为往往会在孩子步入青春期时付出代价。因为在孩子成长的重要阶段,父母传递出的最关键信息应该是"我们爱你本来的样子,并为你的存在感到欣喜"。

◎ **女孩的叛逆期是否比男孩更为明显?如果是的话,原因是什么?**

根据我的经验,这更像是一个文化问题,取决于母亲对于女性和女孩应该是什么样子的看法。

◎ **这个阶段会持续多久?父母能指望它快点儿过去吗?**

这个时期,孩子想要自己做很多事情,会拒绝试图规范他们行为的做法,这个阶段大约会持续一年。作为父母,你有两种建设性的方式来减少争吵和冲突的次数,并增强孩子对父母(和其他成年人)指导的信任。当孩子说"我自己可以",你的回答应该是"啊,太棒了！如果需要帮助，请告诉我"。如果孩子说"不"，那么给他一两分钟，你会发现，他改变主意了。如果不允许孩子说"不"，那么孩子只能服从，这样，孩子就会像大人一样失去表达自己意愿的尊严。

◎ 哥哥或姐姐对叛逆的弟弟或妹妹会有积极的影响吗？

这取决于父母对积极影响的理解。如果哥哥或姐姐在这个阶段被"驯服"并变得温顺，那么年幼的弟弟或妹妹可能会效仿；如果年长的孩子愉快地展示并发挥自己的能力，那么对年幼的孩子来说也将是一种鼓励。

◎ 父母能够采取措施来避免孩子的叛逆期吗？

不能。

◎ 当孩子想要得到不允许拥有的东西时，父母应该如何做？

这是一个学习的过程。父母应以友善但坚定的态度对孩子说"不"。这不会立即阻止一个健康的孩子争取他想要的东西,但会帮助他们在上学之前学会适可而止。

◎ 如何对待孩子的日常活动,如穿衣、刷牙和睡觉?

孩子不想被当作物品一样对待。父母应给予孩子进行自我管理的机会。父母要保持坚定和友好的态度,而不是咄咄逼人或按教条主义执行。

◎ 孩子想要得到另一个孩子的东西,父母该怎么办?

这同样是一个学习的过程,需要两到三年,孩子才能逐渐接受这个现实:那是别人的东西。父母要坚定,保持友好和耐心。

◎ 在家里和在公共场合时,对待孩子的方式是否应该或者可以不同?

不行!如果是这样,孩子就会失去对父母的信任。

有时父母可能会反应过激，对孩子大声呵斥。如何避免这种情况的发生？

请不要担心！孩子的身边需要真实、感性且有时不理性的人。告诉孩子你刚才反应过激了，并为此承担责任，然后请他原谅自己。

◎ 祖父母应该和父母一样对待孩子吗？

不应该。在成长中，孩子会受到许多不同身份的人的影响，才能更好地成长并形成自己的行为方式和价值观。

◎ 对于孩子的叛逆期，还有什么实用的建议？

在这个阶段，最大的问题是父母受到过时的心理学观念和媒体报道的影响，产生了负面期望。

我们的孩子应该成长为健康的成年人

有一件事,我还没有向任何人透露过。其实,在工作中,我还有两个没有透露给别人的秘密目标:我希望我们能学会如何与孩子相处,使他们在十九或二十岁时能够拥有健康的心理,并具备良好的心理社会能力。这是我的目标,因为作为心理治疗师,在工作中,我发现大多数人缺乏这两种素质。而这两种素质的缺乏会令人反感,并影响人们的人际关系。

也许每个人都会赞同这两个目标。只是,迄今为止,我们还没有大范围地实现这两个目标。

我想说的是,学校教育和家庭教育在这两个方面几乎是失败的,甚至都没有接近我此前提出的目标。丹麦的一项统计数据显示：成年人对合法毒品的消费量是青少年的数千倍。而成年人却总喜欢谈论青少年的毒品问题。另外，有太多的孩子在十岁之前成为言语、身体和/或性侵犯的受害者。据我了解，在德国，这种情况更糟。我可以继续说下去，但我不想这样做。所有这些都表明，作为教育者，我们并没有成功地把孩子培养成心理社会能力强、心理健康的人。

尝试把孩子日益独立看作是一种礼物，而不是问题。

我想通过一个自身的例子来解释我对"坚强的孩子"的理解。和往常一样，我还是要提到我的孙子亚历克斯——我和所有的祖父母一样。当时，我的孙子三岁半，圣诞节时他和他的父母以及我的母亲一起在丹麦。因为我和妻子在克罗地亚，所以我在平安夜给亚历克斯的母亲打电话说："告诉亚历克斯，我想和他说说话。"亚历克斯的母亲说："亚历克斯，爷爷在电话那边，他想和你说说话。"亚历克斯刚刚收到了四十五份圣诞礼物，回答说："不，我现在在玩。"于是我请他的母亲再次重复我的话。她照做了，对他说："亚历克斯，爷爷说他想和你说说话。"中间停顿了很长时间。然后，亚历克斯用非常清晰的声音回应，而且他当时非常专注："妈妈，请告诉爷爷，他现在不能和我说话！"

我几乎要哭了，因为那是我一生中最好的圣诞礼物！他在家里"熬过"了三年，又在幼儿园"熬过"了半年，这并不容易——而且他仍然很健康！

为什么我如此高兴呢？因为我和我的同事们几十年来一直在世界各地从事各种形式的心理治疗，现在已经有了一点体会：

那些缺乏自我责任心、无法建立建设性关系的成年人所面临的最大问题是，当他们想说"是"时不能说"是"，当他们想说"不"时不能说"不"。

而孩子从出生时就能够做到这一点——这根本不需要学习。因此，父母必须扪心自问："我想要这样的孩子吗？"因为你不可能同时拥有既听话又健康的孩子。

伴侣关系也是如此。尽管男人们要求妻子顺从的时代已经一去不复返，然而，这种陈旧的观念仍然普遍存在：我工作了一整天，回家后只想享受清静，不想在家里还要被"烦"。然而，如果你以这种方式回避所有争端，也就放弃了通过争端而发展成一个更完整的人的机会。

对孩子说"不"的恐惧

二十年前我认识了一位德国教师,他做了一件特别棒的事情:当一个新学生来到他的课堂时,他对她说:"你好,莱昂妮,欢迎你!我是你的德语老师,我有一个问题要问你,你想要学习德语吗?"

每当我在一群教师中分享这个故事时,他们都会吸一口气,然后说:"可是这样不行!如果孩子说'不'怎么办?"

事实上,尤其是刚入学的孩子,是非常愿意学习德语的。所以,这并不是问题。然而,老师们的反应却清楚地表明了他们有多么害怕听到这个否定的回答。

实际上,也有一些通过身体语言表达拒绝的孩子。

他们一开始偶尔缺课,然后来学校的次数越来越少,最终完全不来了。然而,我们并没有认真对待这些孩子,也没有关心他们的感受。

在奥地利、德国、瑞典和挪威,约有四分之一的孩子拒绝上学,然而所有人都假装这个问题与学校无关。相反,人们会抱怨说:"现在的孩子简直不可理喻!他们想干什么就干什么,因为父母没有给他们设定界限。"在整个讨论中,学校完全处于被动防守的状态。我最近在克罗地亚首都萨格勒布,见证了那里的年轻人如何庆祝他们的毕业典礼。他们总是为毕业典礼制作一些印有不同图案的 T 恤衫,其中最棒的一句话是:"我是你们的未来……你们害怕吗?"我觉得这太妙了,因为情况确实如此:几乎所有人对年轻人都感到非常害怕。政客们害怕,媒体害怕,教师们害怕,父母害怕——害怕这些无辜的年轻人!对此,我简直不敢相信,但事实就是如此。

友好引导和共情陪伴

没有一个社会和家庭是完美的。目前在德国，人们重点强调父母和其他成年人普遍应该为孩子树立积极的榜样。然而，我们不可能永远做正面的榜样！也许我们有时候可以做到，但有一点可以肯定：无论我们是否愿意，我们总是榜样。我相信大多数成年人迟早会意识到，他们从坏榜样那里学到的宝贵经验比从所谓的好榜样那里学到的东西更有价值。

要求自己一定要成为一个好榜样，只是给可怜的父母增添了更多的负担。

我不是一个浪漫主义者。我不相信幸运的"天选之子"。我们非常清楚，孩子需要引导。

友好引导和共情陪伴 》

但目前我们也知道，在最初的四到六年里，孩子实际上只需要共情的陪伴。在一定程度上，这种陪伴必须有友善的面孔和语气。但奇怪的是，大多数父母似乎无法保持轻松而友好的态度。大多数父母要么有点严格，抱怨太多，要么采取一种宠溺和矫揉造作的语气，他们认为这就是对孩子友好。

很多人认为我是一个很喜欢孩子的人，但实际上并不是这样！我一生都在为那些与孩子相处有困难的成年人服务。而我从不是为了孩子而这么做，而是为了成年人。

也许你几年前听说过蔡美儿[①]这位所谓的"虎妈"。她的女儿在美国卡内基音乐厅首次亮相时只有十二岁。她的家庭居住在美国加利福尼亚州，处于一个非常多元的文化环境中。这就意味着，她的女儿有美国、西班牙等来自世界各地的同学，而且她清楚地知道这些家庭的教育方式完全不同，但孩子们还是经历了所有母亲为他们安排的精英教育。

[①] 蔡美儿（Amy Chua），耶鲁大学法学院终身教授，以自己的育儿经验写有一本自传体性质的书——《虎妈战歌》。

孩子们为了父母牺牲了自己的生活！我之所以如此坦率地说这些，是因为这是一个毋庸置疑的事实。而我们作为父母想要什么？我们想要孩子按时入睡！

天哪！这让我很生气。为什么我们的关注点不在孩子们的潜力上？不在他们强烈的合作意愿上？相反，我们作为父母必须一直保持活跃，并不断制定新的规则。

关于孩子在一生中头一年半的睡眠行为，如今我们可以回顾超过一百年的研究历史，并掌握大量数据。我们可以发现，在这个世界上的所有文化中——除了拉普兰——有45%的孩子在晚上能够"按时"入睡，55%的不能，而第二天情况就会相反。尽管如此，我们仍然坚持认为，所有的孩子都应该在特定的时间入睡，如果不这样做，我们就是糟糕的父母。

拉普兰是个例外，因为拉普兰人相信他们的孩子有与生俱来的能力。那里的人们认为，孩子们累了就想睡觉，饿了就想吃饭，当孩子们喝饱、吃饱时，他们就想上厕所。在拉普兰，人们依旧铭记这些常识。

但在我们这里，我们相信必须教会孩子们这些事情——这何其荒谬！但我们仍一直这样做。

个人责任——对于父母和孩子

教育工作者和家长经常带着抱怨的口吻说,孩子需要受到很多的关注。他们完全正确,因为孩子确实需要尽可能多的关注。在一次活动中,我遇到了一位有三个孩子的母亲,她告诉我:"我的孩子分别是四岁、八岁和十二岁,他们让我疲惫不堪。他们不断争夺我的注意力,现在我已经精疲力尽,不知道该怎么办了!"

我的脑海深处响起一个声音,于是我遵从这个声音,对这位疲惫的母亲说:"我认为你应该更好地照顾自己。"这位女士摇了摇头,但站在她身旁的好朋友笑了笑,说:"没错!"

活动结束后,我们在外面聚在一起,这位女士问我现在该怎么办。我回答她:"现在是晚上十一点。回家后,请你叫醒你的孩子,坐在客厅里,告诉他们,'从今天开始,我的爱只属于我自己,我的注意力和时间也是我一个人的。这一切都属于我,我会按照我想要的方式分配它们。晚安!'"

我们中很少有人意识到,孩子并不需要像父母所要求的那样被给予那么多的关注。少一些关注对孩子来说完全没问题。

明白这一点很重要,否则父母会在对自己的要求中感到绝望。现在必须把这一点说得很清楚,因为父母允许孩子把他们的精力全部耗尽,但这样对孩子和父母来说都没有好处。

我时不时会说,而且我确实是这么认为的,所有激励人的书籍都可以毫不犹豫地被烧掉。因为有一种动力比其他所有动力都更强大——个人责任。当我知道,我要对自己的学习负责时,这就是最大的动力。所有的教师都很清楚这一点,可奇怪的是,他们经常表现得好像不知道一样。

孩子们上学是因为他们**想要**上学,也是因为他们**必**

须上学——因为这是义务教育的要求。学生应该在几年内就会发现上学的意义。上学必须对每个孩子都有意义。这样，孩子们就会承担起上学的责任。然后，义务教育就会退居次要地位，而学习意愿会成为主要关注的焦点。如果做不到这一点，结果就会是永无休止的冲突和权力斗争。

我们直到今天仍然相信，也许以后仍然会相信，在这种情况下，老师和父母必须联手加大对孩子的压力。因为在我们大多数人看来，施加压力就是动力。这意味着我总是告诉我的孩子"在我们的社会中，没有文凭，将来就没有出路"诸如此类的话。但是这样的话并不能激励任何孩子，只会让孩子感到更孤独。这最多只会刺激孩子这样想：**我为什么还要和父母说话？他们一直在重复自己说过的话——难道他们以为我傻或者耳朵有问题吗？**

父母很少承认，他们施加的压力毫无裨益。这也是因为他们并没有完全信任自己的孩子。然而，正如孩子在物理课上曾经学到的那样，压力会产生阻力。压力增加了，阻力也会增加。

相反,他们应该对孩子说:"很抱歉,我们以前在物理课上没好好听课。从现在开始,我不会再给你任何压力了!我正式将你的教育和学习的责任交给你自己。祝你好运!如果你需要,我愿意提供帮助并在你需要时陪在你身边。"

对于孩子来说,知道他们要对自己的教育和学习负责并且真正对这些事情上心,而不是为了让父亲自豪或母亲高兴,这将是一份珍贵的礼物。

强制和选择自由

如果幼儿园和全日制学校几乎在世界上绝大多数国家和地区全面推行——在德国也是如此——那么,我们的孩子从出生到十五岁,将会有大约三万个小时必须在义务教育机构中度过。这个概念对一些人来说可能显得过于激进,但这只是为了表明孩子们在三万个小时的时间里没有选择的权利!他们不能选择身边的成年人,不能选择身边的其他孩子,不能决定时间的结构。三万个小时——你能想象吗?我们谈论的是与早期工业社会的成年人处境相似的情况:他们被迫每天工作十个、十一个或十二个小时。然后我们期望长时间劳作会令他们更好,但显然不可能。

近年来，我们对特殊学校的需求急剧增长；对补习、特殊教育和学校心理医生的需求也急剧上升。学校则认为："我们会按照一贯的方式行事。如果孩子们不合作，他们就得去接受治疗。"

我经常谈论学校，因为我不太喜欢现有的学校文化。但教师是另一回事——有数百万优秀的教师，他们的潜力远远超过他们被允许发挥的程度。如果告诉他们"现在你们可以按照自己的意愿来工作"，那么很多事情都会变好。大家基本都知道，现行制度存在问题！

可我们的学校仍然被设计成只能培养打工人而不是参与者的地方。就好像我们仍然身处于工业社会的初期。

尽管20世纪的工业社会早已不复从前,但我们仍在一如既往地生活。

而且,总是有人站出来,包括所谓的专家,对纪律大加赞扬,仿佛这样做就可以解决所有问题。如果你问他什么是真正的纪律,最终总会回到自律这个词上。没有自律,就无法学习,这是不争的事实。然而,很多时候,自律和纪律往往被混为一谈,实际上二者完全是两回事。

一概而论地认为孩子缺乏纪律性和不够自律过于片面,这对孩子不公平。尤其是男孩,他们经常受到这样的指责,但若是我们去看看他们放学后都在做什么,我们会发现,他们会去学小号、空手道或进行足球训练。只要他们觉得可以自愿做事,他们就能展现出高度的自律。然而,如果我们向他们灌输体育对他们的健康和社交活动有多么重要,可以肯定的是,他们的积极性将会急剧下降。

勇气、支持和责任

孩子生来没有经验，也没有自己的经历。他们不了解父母的种种经历，也不熟悉父母那一代。父母们的观念是"孩子应该被看到，而不应该被听到"，这是一种司空见惯的说法。所以孩子们来到这个世界，并相信：**在我的家庭里，我可以说我想说的话。如果我渴了，我可以说我渴了。** 而当他们开始上学时，他们会认为在学校也是如此——直到他们意识到，他们在学校只是为了履行学生的职责。

我相信孩子表现出"我是你们的未来……害怕吧！"的态度是完全正确的。是的，我们需要消除旧有的服从文化。那个过度保护孩子的阶段有望慢慢结束，为那些不再对一切言听计从、敢于提出问题的孩子腾出空间："我很喜欢上学或考大学，但我能不能得到一些相对有水平的教学呢？教授，你几十年前写了三本书，我们每天都必须阅读它们。而且在课堂上，你只是重复你书中的内容——你是不是依旧还会因此而得到报酬？"这么直接的话，我们以前可是不敢说的！但现在，这些有行为问题的孩子却敢于说出来。

这正是我们的社会所需要的，因为成年人缺乏这种勇气。至少，成年人逐渐意识到了要真正关心孩子，尤其是在孩子情绪糟糕的时候。也许孩子在成绩或与同学关系方面存在问题，在学校感到不适，不想再去学校。

如果是这样，孩子就需要父母。而如果一切顺利，则他们就不需要父母，这时他们真正需要的是吃饱、穿暖。

当生活不如意时，孩子需要的是坚决支持自己的父母。

父母不一定要批评学校，但必须支持孩子，而不是学校的制度。然而，在许多家庭中，情况仍然还是像我的原生家庭一样。如果我不高兴地回到家，妈妈从来不会问我今天是不是过得不好，是不是不舒服。如果我抱怨老师不公正，她会立即问我做了什么，因为我肯定不可能是无辜的。孩子总是有错——对于老师和父母来说都是如此。

如今的父母逐渐意识到，他们始终对孩子的情绪负有责任，这是一种完全不同的观念。因此，这不是一个模式转变的问题，也不是在过去的三百年里一直将责任归咎于孩子之后，现在又将责任归咎于父母的问题，而是要让父母意识到，他们终于必须对孩子负起责任。单靠他们自己是无法做到的,因为他们还没有这个能力。

  我曾在许多托儿所开业前协助他们贯彻教育理念。我曾经亲身经历,当第一批孩子到来时,老师们表现出好奇心、开放的态度和浓厚的兴趣。她们会询问孩子的感受,并征求改进建议。那是三十年前的事了。如今,一个孩子进入托儿所,如果情况不顺利,人们就会说是这个孩子有问题。然而,实际情况与三十年前并无二致。三十年前,孩子受到了热烈的欢迎,而今天却被送去看心理医生。真的不能称之为真正的发展,至少不是好的发展。

  令人遗憾的是,成年人,无论是父母还是专业人士,都错过了很多宝贵的东西。我们总是处于"过度教育模式"中,最终导致孩子一直处于防御状态,无法真正敞开心扉与我们进行交流。这真地很悲哀,我们不应对此坐视不管。

一种新的对话文化

一位社会教育工作者兼家庭治疗师：如果回顾二三十年前的情况，我们会发现当时困扰孩子的问题通常是在他们进入青春期后才出现的。而如今我们发现，在孩子上幼儿园之前，父母就已经面临了无法设定明确界限且没有安全感的问题。我关注的问题是，教育体系对此有何回应？在我看来，如今的父母似乎连自己也没有积极的榜样了。我的导师总是说，只有当一个人即使在父母的建议之下也能采取独立行动时，他才是真正明智的。然而，如果父母不再是孩子的榜样，我们如何能够加强教育工作者和家庭治疗师的力量呢？这是关键所在，因为如果没有他们，我们就很

> 难顾及大量的孩子。作为家庭治疗师,我们始终只能处理个别案例。但是整个体制应该如何调整呢?
>
> **杰斯珀·尤尔:** 你说得对,现在许多父母都感到不安,以至于无法发挥建设性的作用。我经常听到家庭治疗师这样说:"我们必须单独治疗这些孩子。"但他们忽略了一个事实,那就是问题不仅仅出现在孩子身上。如果一个孩子在五六年级就出现问题,这很大程度上表明他的整个家庭存在问题。我们不应该把责任归咎于孩子自身,而是应该与孩子一起关注父母的能力。

如果不把孩子单独送去治疗,而是与包括父亲在内的整个家庭进行对话,那就更好了!在德国,家庭仍然被定义为只包括母亲和孩子。我经常与一些专业人士进行交流,他们告诉我,他们总是与整个家庭进行合作。但是,当我追问起来,发现事实并非如此,因为他们其实只是与母亲和孩子进行了交流。

如果一个家庭治疗师单独对待一个家庭成员,那就像是闭着眼睛做家庭治疗一样。只有当所有家庭成员都在同一个房间时,我们才能睁开眼睛进行治疗。

我认为，我们必须明确地告诉那些仍然只与个别家庭成员进行沟通的人，如果我们不让整个家庭参与进来，就是在浪费时间和金钱。

这也是我参加那个有很多孩子不再想上学的青少年夏令营的原因。通常，孩子可以无障碍地掌握学科知识，回到学校继续学习两三年。但当他们回到家中时，80%的成果就又消失了。因此，我们与家长一起花了三天，进行了一次单独的谈话。

在与保育员和教师的对话中，我们也需要采用相同的方法。我已经说过很多次，也很愿意再重复一遍：无论是在好学校还是在一般学校，教师最需要的是良好的培训。然而，由于对教师的培训存在很多问题，他们至少需要持续接受高质量的进修培训。也就是说，我们应该在未来的十年里好好为教师提供服务——我是认真的，因为如果教师的状况比今天更好，那么，我们的孩子状况也会更好。因此，教师需要各种支持。

我只想提出两个作为教师应该具备的简单技能：其一，教师应该知道如何与单个孩子和一群孩子进行有意义的对话；其二，教师还应该知道如何与家长进行有意义的对话。然而，这些关键技能并不是在培训中传授的。归根到底，进行有意义的对话就像进行数学教学一样，是一门技术活。这就是为什么它也应该成为教育培训的一部分。

我们不会经历这样一场革命——至少在我的有生之年不会。如果我们宣布："从明年4月1日起，学校将为我们的孩子而存在。"那将是一场革命，因为今天我们并没有这样的学校。

目前，我们的学校并不是为了孩子，而是为了社会。

就我个人而言，我认为这是可以接受的。但是，我们至少应该确保学校里的成年人状况良好，教师们感到满意，并定期接受专业人员的监督和指导，每天下班时都能说："今天我又学到了一些好东西！"

一位教师：我对你的发言非常感兴趣。你刚刚提到了一位教师，他先是欢迎他的新学生，然后问她是否想要学习德语。你说，孩子们通常都会说"想要"。但是根据我的经验，到了青春期，他们经常会说"不"。我的问题是，这位教师在这一点上是否需要增强学生的个人责任感？怎么才能做到这一点，而又不向学生传达"必须学习德语"的信息？

尤尔：我想要纠正一下，在德国，没有孩子必须在14岁时学习德语！这不对。正确的做法是，作为一名老师，你必须尽力教他们。

教师：现在我想说，我该如何解决这个矛盾呢？在我所处的体制中，我当然可以尝试增强我的学生的个人责任感。但是，作为一名教师，我无法回避在八年级传授生物课程的内容，其中包括生态系统，学生必须掌握这些知识。你对协调这两者有什么建议吗？

尤尔：关于这一点，我有一些涉及体制等方面的建议。但我首先想说一下关于个人责任感的问题。这确实是我的信条，因为根据经验，我知道它是有效的。然而，它需要教师、父母和学生之间的共同对话，他们要达成一致。例如，教师可以这样说："好吧，现在是时候了。这个孩子这么频繁地说'不'，以至于他的行为可能会伤害到他自己。因此，作为他身边的成年人，我们必须将责任交还给他。"

这可能意味着老师会对学生说："我必须试着教给你一些东西……"并悄悄地补充一点，"……但我也想告诉你，如果你不学习，没有人会哭。以后也没人会记得。在柏林没有人会查看你的档案说：'啊，原来如此！'"这足以让孩子们明白，一切都取决于他们自己。

我们应该更加宽容和灵活。例如，大多数青春期的孩子通常要到上午十点才能开始"正常工作（进入状态）"——但我们的学校坚持在早上八点开始上课。

我们为什么要这样做？为什么老师不会说："天哪，下午教这些孩子真是太愉快了，最好能一直这样做。"这样就简单多了。

在丹麦，我们发现80%的十年级学生无法通过传统方法来学习。因此，我们改革了教学方法，使其更加符合学生的意愿。结果是，即使是不那么受学生欢迎的数学，突然之间也不再是学生们的大问题了。因此，只要我们有勇气去尝试，就一定会有不同的方法。

关于"你想要学德语吗？"这个问题，我还想补充一点：如果一位老师问一个一至三年级的学生这个问题，那么她在三秒钟内就能赢得一个粉丝。而当这个学生十四岁时，老师就要考虑一下在上课之前是否对学生提出这个问题，因为学生可能会表现出完全不同的行为。当然，对此，我们无法百分之百确定，因为学生头脑中的想法会发生很多变化。但即便如此，我们还是让学生对这些变化负责，尽管他们对这些必要的变化并没有丝毫过错。

我们的学校完全缺乏建设性的对话文化。为了解释我所说的，我想举个简短的例子：假设我教的是七年级，现在有一名新生。两个月后，我发现我仍然无法与这个新生建立联系。我做了很多努力，试图与他合作，却行不通。于是我尝试与他沟通，对他说："听着，托比亚斯，我们已经认识了两个月。我试图找到与你建立联系并共同合作的方法。实际上，我已经用了我所知道的所有方法。"

现在最难说的一句话来了："但我没有成功。因此我需要你的帮助。因为我知道，我做错了什么——而我必须知道错在哪里。"

托比亚斯可能会回答："我不知道。"然后作为老师，我可以说："好吧，我相信你知道，但你可以好好想一想。你还需要弄清楚你是否足够信任我,把这些告诉我。所以我们下周再聊聊。"

下周,托比亚斯可能会说:"你总是批评我,总是对我大喊大叫。"之后,大多数老师会主动为自己辩护说:"我没有总是这样做!"

老师们了解很多关于教育学的知识,但是他们也许不知道十三四岁的学生仍然不能非常准确地表达自己的想法,并且喜欢使用像"总是"这样的词语。作为老师,我现在可以说:"好的,我没有意识到这一点。以后我会注意自己的行为,如果我需要更多的帮助,我会向你请教。"

可以非常确定的是,第二天,我面前坐着的将是一个表现良好的学生。这并不是要向托比亚斯表现出过多的理解,对他特别好,或者关心他。这只是在师生之间建立起一种合理而负责任的关系。这总共只需要四分钟,比长期处理糟糕的人际关系花费的时间要少得多。

一位母亲:我从一个母亲的角度提一个问题。我的儿子八岁多,快九岁了,在他上学的前六周他就已经意识到学校不适合他。我们面临着巨大的学习压力。我听了你的意见，但我在日常生活中仍不知所措。他还有很多年的学要上。

尤尔： 他现在去不去学校呢？

母亲： 去，他现在去学校，或者说，只是没逃学。

尤尔： 你能和我说说他说过的一些话吗？他是如何表达的？他有什么困扰？

母亲： 他对此并没有说太多。我们反复听到的是，他觉得上学太累了。在一次家庭作业中，他曾写到，学校应该减少上课时间，多增加体育课。并不是因为他在智力上无法胜任学校学习，这更像是一种心理上的超负荷。各种不同的感受和要求，以及老师的批评——他面临过多的压力。我们怎样才能帮助他度过未来的几年呢？

尤尔： 他很有可能是负担过重。我相信，如果你的儿子在他这个年龄如此清晰地说出来，那么他很可能是对的。

一种新的对话文化

有些孩子很难在各种感受和大量信息面前保护自己。他们的头脑可能会产生混乱,或者整个身体会感到疲倦。

问题在于父母如何处理。父母可能真的无法做太多事情,但可以肯定孩子的困惑,并开始一次坦诚的对话:"我们相信你,这对你来说可能压力太大了。我们能做些什么来帮助你?你是觉得身边有太多小朋友、太多老师,还是哪方面令你不开心?你能画一所你认为适合你的学校吗？"

也许一位非常开放和富有同情心的心理医生可以提供帮助。他会从一开始就认真对待孩子。他不会立刻认为孩子必须在学校表现得更好，而是会真正对他的存在和感受感兴趣。

这并不是说，我认为你作为父母不关心孩子。但是，作为父母，你自己也感受到了巨大的压力，并且在某种程度上被孩子必须上学的事实所影响。但如果有一个人，可以是职业治疗师、特殊教育教师或其他人，对孩子说"好吧，现在变得有趣了。我们现在需要研究一下如何保护你，并帮助你更好地理解你的感受"，那么，我相当肯定，仅仅是这种意识和关注便会大大减轻孩子的压力。

我相信，孩子正在经历这一切，并感到痛苦和压抑。这并不是因为他反感学校，也与他和父母的关系无关。他就是这样！他必须首先自己经历一切。因此，他要学会如何应对，而这可能需要一些外界的帮助。

兄弟姐妹的竞争

一位父亲：我们是一个四口之家，有两个可爱的女儿。姐姐今年秋天满两岁，妹妹去年夏天刚出生。我们的问题或者说面临的挑战是姐姐经常打妹妹，有时把妹妹打得哇哇大哭。这种情况几乎每天都发生，并且在一个月前我们度假时愈发频繁。事实上，妹妹现在已经几个月大了，并且变得越来越活跃，但姐姐打妹妹的次数并没有因此而减少。尤其是当妹妹坐在母亲的腿上吃奶或躺在地板上时，姐姐总是会"攻击"妹妹。这种情况通常发生在我不在家的时候（我总是在傍晚的时候才回家）。由于姐姐也是孩子，我们理解她会嫉妒妹妹，但我们不能接受她的行为。我们试着说"不",向她解释说,她那样做伤害了妹妹,妹妹会伤心。我们也会用严厉的语气批评她,但她的行为始终没有改变。当我们对她严厉时,她通常会哭闹或发脾气。我试图忽略她的行为,但感觉不对劲。姐姐还告诉我,在我没看到的时候,她也打过妹妹。她已经习惯了拥有父母全部的关爱,显然对现在我们的注意力从她转移到妹妹身上感到不满。我们试图将我们的时间分开,以便姐姐可以继续获得很多的关注和父母陪伴的时间。作为父母,我们从来没有特别严格过,但我们能做些什么让她停止这种行为呢?这是一个大家普遍都会经历的阶段吗?

尤尔: 你说,她已经习惯了爸爸妈妈都围在她身边,显然对现在妹妹也受到了爸爸妈妈的关注而感到不满。你试图把你们的时间分开,以便可以继续给姐姐很多的关注和父母陪伴时间。这是个好主意,但不幸的是,这是不可能的。这不仅仅是时间和关注的冲突。

当弟弟妹妹出生时,哥哥或姐姐会经历突如其来的失落感。

简单地说，你的大女儿已经失去了她以前可以从父母那里得到的50%的东西。想象一下，有一天，一位丈夫带了一个新的妻子回家，并要求三个人今后幸福地生活在一起并相互理解。那么，原来的妻子会如何做？

你女儿的反应是攻击性的——更准确地说，是一种悲伤、痛苦、愤怒和感觉不被重视的情感的混合体，表现为攻击性行为或攻击性语言。从某种意义上说，孩子与父母是一种合作关系，他们会模仿父母的行为，并尽其所能地满足父母的需求，实现父母的愿望——无论是有意识的，还是无意识的。

在小女儿出生之前，你的大女儿仍被父母和其他成年人关爱着，他们都表达了对即将到来的家庭新成员的喜悦和期待。大女儿已经尽力将这些感觉也变成自己的感受，尽管她对理解和想象自己与弟弟或妹妹一起生活的能力非常有限。当这些期望在小女儿出生后变成喜悦、幸福和爱时，可能最初几周在父母和前来探望的祖父母、朋友和邻居的不断鼓励下，大女儿也试图理解并接受妹妹的到来。大人的所有行为只传递了一种单一的信息：对小女儿纯粹的喜悦和爱！

尽管人们的爱和关怀对小女儿是一份礼物，但它使得大女儿的生活变得不一样。大女儿内心渴望有和大人们一样的感受，但同时她又感受到完全不同于其他人的情感。

在大女儿生命的最初几年，她将父母的陪伴、同情、关注和满足她的需求理解为爱。现在，出乎意料的是，所有这些都变少了，她要和妹妹一起分享。因此，她开始怀疑她是否仍然被父母爱着。

她的困境在于，她经历了一次巨大的情感失落，而除了她自己以外，似乎没有人认识到这一点。因此，她必须独自面对这种失落。大多数孩子在几个月内就能顺利度过这一阶段，尽管他们被认为是产生了嫉妒情绪，并受到指责、纠正和训斥。虽然你曾尝试说"不"，并向她解释她伤害了妹妹，并且是以一种严厉的语气表达的，但这并没有改变什么。你的大女儿也开始哭闹并再次打了妹妹。

当父母总是说一些与孩子的实际体验脱节、对孩子来说毫无意义或荒谬的话时，用严厉的语气也是无济于事的。相反，孩子会觉得父母不再爱她，尽管她的感觉是错误的。这就是她为什么会感到受伤并哭泣。她会重复她的方式来传递信息，希望得到你的理解。

如果一个两岁的孩子已经有足够的能力和口才来用语言表达她的状况，她可能会对父母说："我知道眼下妹妹对你们来说最重要，我勉强能够接受。我也觉得她很好、很可爱，我很期待有一天我们能一起玩。但现在我最担心的是，你们不像从前一样爱我，这让我感到既伤心又生气。你们有没有人能帮我解决这个问题？我不想成为你们不爱的孩子。"

然而，遗憾的是（尤其是对她自己来说），两岁的孩子无法用这种方式来表达自己。由于他们还无法很好地运用声带的小肌肉，所以在一两年内，他们还必须使用大肌肉来让别人了解他们的痛苦、挫折和渴望得到关注。孩子不需要父母尝试掩盖或淡化他们的失落。他们需要的是认可。作为纠正、责备和训斥的替代方案，我经常建议在家庭中由父亲来处理这个问题，他们更能感同身受。因为在第一个孩子出生时，大多数父亲都经历了类似的情况：他们在妻子心里的排名降到了第二位，而且再也没有任何机会恢复到以前的位置。

已婚男士在几个月内便会意识到，妻子对孩子的爱与对他的爱之间存在着显著的区别。如此一来，嫉妒的感觉通常会逐渐消散。然而，一个两岁的孩子并无法进行这种区分。她必须与另一个孩子分享同样的爱。她当然不会像成人一样思考，她只会关注自己目前的失落感。因此，她需要的是一个可以把她抱在怀里，或者与她一起散步的父亲。父亲对她说："我能理解有时候你想打妹妹的想法，尽管你也爱她。有时候我也有同样的感觉。我不会打妹妹，但有时候她占用了你妈妈太多的时间和精力……但我相信，我们会适应得更好的。你是不是有时候觉得妹妹很烦人，或者因为我们现在没有那么多时间陪伴你而感到难过？"

这些话必须是发自内心的。如果只是作为反暴力策略的一部分，那是行不通的！但如果是发自内心的，就会产生奇效——尤其是当几天后，父亲对他的妻子说："我来照顾小女儿几个小时，这样你就有时间陪伴大女儿了。我看得出来，你们很想念对方。"

大约一周后，姐姐便会停止攻击性行为，并开始设定个人界限。姐姐了解到，在她的家庭中，个人的困扰是被接纳的，如果她感觉受到伤害，她可以随时向父母寻求帮助。

每当你的孩子"调皮捣蛋"时，你要想想你该怎样做，他们才有可能会合作，这样你不仅会了解你的孩子，还会了解你自己。

家庭新成员

> **一位母亲**：我有一个五岁的儿子，我们计划再生一个孩子。我怎样才能让他做好当哥哥的准备呢？我能做些什么，才能让他尽可能顺利地从独生子转变为哥哥？
>
> **尤尔**：这是提问中最常见的问题之一，简短而明确！由于我不了解你的儿子和你的家庭，我只能给出一个笼统的回答。不过，我的部分回答考虑到了你儿子已经五岁了的事实。

首先，请你仔细思考一下，你的儿子是一个怎样的孩子。作为独生子，他过得怎么样？他对于重大变化通常有什么样的反应？在过去的五年中，他是否一直是家庭的绝对焦点，得到了过多的关注？他是一个擅长社交和外向的孩子，还是喜欢独处、不爱交际的孩子？弟弟或妹妹的到来对他即将开始的学校生活意味着什么？这些问题的答案将帮助你更好地体会你的儿子对家庭迎来新成员可能会产生的感受。

接下来，你应该说一说自己作为父母的情况。为什么你想再要一个孩子？你自己与兄弟姐妹的相处有怎样的经历？你对孩子之间的关系发展有什么具体的期望和愿望，还是打算顺其自然？想要在孩子之间建立亲密和谐的关系是完全可能的，只要不迫使孩子按照你的计划生活或实现你的目标即可。

对于一个即将成为哥哥的五岁孩子，我建议尽早让他参与其中，你可以对他说："我们决定看看能不能再要一个孩子，想知道你对这个主意有什么看法。"

这并不意味着真的由他来做决定，但他的反应会告诉你很多他的想法。他可能会表现出拒绝、疑惑，或立刻满心欢喜。如果他的反应是怀疑，最好在母亲怀孕过程中与他讨论一下他的想法和感受，不是为了将怀疑转变为喜悦，而是为了让他知道他可以做自己。他了解得越多，在见到妹妹或弟弟时就越能灵活应对。

在传统概念中，我们倾向于强调较大孩子的年龄。我们会说"现在你是大孩子了！"，或者立即附加一句训诫"现在你要记住，你长大了，要懂事！"。这两种说法都不建议，因为长子本来就注定要一直是"年长的、懂事的"——这个角色并非总是令人愉快的。

在母亲怀孕期间，请悄悄观察你的儿子。他对即将到来的家庭成员有多期待？他是否担心自己将成为大哥哥？他是否像大人一样对胎儿感兴趣，还是一心想着自己的事情？当其他大人询问他的感受和期望时，他会如何回答？再强调一次：

不要试图改变孩子的天性，而是更好地了解他。

如果他喜欢说话，并且已经能够很好地表达自己的想法，那么就多跟他聊天、讨论。首先分享你自己的想法和感受，以免整个对话过程成为问答游戏。如果他不太爱说话，你可以邀请他画一幅关于弟弟或妹妹到来后家里可能会变成什么样子的画。

在母亲分娩前的两三个月里，父亲应更多地照顾孩子。这不仅因为母亲会专注于胎儿，因此不能像以前那样，为孩子提供同样多的亲子时间和关注，还因为孩子需要一个伙伴，他可以在这种关系中得到放松，吸收一些男性力量的养分，这样可以促进他的成长。你可能会因为不能像从前那样陪伴孩子而感到愧疚，但这会导致要么父母都试图掩盖亲子时间和关注上的缺失，要么母亲对自己设立不切实际的期望，然后当无法完成时，母亲的内疚感变得更深。这些愧疚会使孩子更难适应新的家庭环境。

因此，小心使用诸如"我们尽量给你和从前一样多的关注"之类的话。这是不可能的，也是不必要的。孩子确实需要关注，但并不需要太多。他们越多地感到"被看到"，要求的关注就越少。

在这段时间——从母亲怀孕的第六个月开始，大约持续两年——父亲是第一个孩子最好的朋友。一方面，他们有着相同的命运：他们都暂时失去了与生命中最重要的女人的正常联系，现在她将所有的精力、关爱和关注都投入到了第二个孩子身上。父亲和第一个孩子之间的关系发展得越好，母亲就越容易专注于第二个孩子的需求，在新的家庭环境中也越容易考虑到所有成员的需求。

我希望你们都能明白，你们的生活因为第一个孩子的存在而发生了翻天覆地的变化。现在对于你们的第一个孩子来说也是一样。许多他过去习以为常的事情现在都会变得不同。请给他一点儿时间，让他以自己的方式适应这场"变革"，无论这个适应过程是伴随着温馨喜悦，还是带着一些必要的谨慎。他必须处理这一切，不应该让他独自面对。他将把所有的精力都用在成为你们所期望的样子上，如果失败了，那是因为他太过努力而迷失了自己。在这种情况下，他更需要父母的共情、关心和认可。

也许在他生命的前五年里，他已经建立了很强的自尊心，对他的父母非常信任，以至于他将弟弟或妹妹视为你们的事情，因此将他的精力花在了其他事情上。请将这看作是一种赞扬，而不是参与不足。也许他已经更像是一个"男人"，大多数时候他都是在事情真正发生时才去处理它们。也许他只有在弟弟或妹妹长大到可以和他一起玩时，才会认真对待他们。因此，请父母不要忧虑，不要给好奇心和喜悦蒙上阴影。

Take five！（等待五分钟！）

　　这篇文章的标题实际上应该是 give five！（给他五分钟！），这是给家长和教育工作者的一个建议，当你想改变你的孩子或别人的孩子的行为时，请给他们一个短暂的缓冲时间。如果你遇到了阻力，那么请给孩子五秒钟、五分钟、五小时、五天甚至五周的时间来思考你的要求，你将会得到比你想象中更多的合作。

　　在强势的态度和行为仍然占主导地位时，家长会说："把你的房间收拾干净——现在就去！把外套挂在衣架上——立刻！"

　　对于成人的面部表情、肢体语言和声音表明，孩子要绝对服从、立即服从。只要孩子拖延，就会马上受到惩罚。如今我们知道，我们需要以一种方式关注孩子的个体完整性，使孩子能够尽可能多地了解自己的个性。这包括了解他的需求、感受和界限，以及如何保护他的人格和道德操守。

在生活中的某些情境下，我们仍然应该服从权威，但我们应该尽可能自由地选择这种权威。此外，我们必须能够在外在纪律和我们内心的声音之间建立起一种对话，即在合作和完整性之间建立平衡。

孩子们一直需要将这两件事协调一致，但在权威盛行的时代，他们别无选择，只能牺牲自己的个体完整性和尊严。即使在今天，当孩子们试图通过对纪律和命令说"不"，来保护他们的个体完整性时，他们仍会被贴上"倔强"和"叛逆"的标签。

我想再次以我孙子和另外两个两岁和五岁孩子的例子来说明，看一看这些孩子是如何试图维护自己的个体完整性的。

"亚历克斯，我要去购物，希望你能和我一起去。"

"不去，我在玩呢！"

"我看到了，但我希望能和你单独待一会儿。"

没有回应，但十分钟后，当我走向车时，一个快乐的声音问道："爷爷，我可以跟你一起去吗？"

"当然！我很高兴你能抽出时间了。"

"亚历克斯，我们半小时后去海滩，我想在这之前先帮你刷牙。"

"我不想在度假的时候刷牙！"

"这个想法不错，我想——但我们还是得刷。如果你准备好了，请告诉我。"

他没有回应，继续玩。在我们出发前五分钟，他说："好吧，如果必须刷的话，那就现在吧。"

妈妈给两岁的女孩准备了汤，但她不想喝。

"但你喜欢汤啊。来吧，吃一点儿，不然一会儿你会饿的！"

女孩摇头拒绝。于是，妈妈把注意力转移到了自己喝汤上。两分钟后，女孩指着她的碗说："我也要！我也要！"

妈妈给她盛了一碗汤，她高兴地吃了起来。

Take five！（等待五分钟！）

两个男孩获得了晚睡的特别许可，他们正趁着这难得的机会，聚精会神地观看一部动画片。

"好了，孩子们，是时候上床睡觉了！"

"不！这部动画片太有趣了。你也可以看！"

"谢谢，但我不想看。你们可以再看十五分钟。十五分钟后我再来。"

十五分钟后，两个孩子看着我说："这么快？"

"是的，这么快！"

"好吧，再给五分钟，求求你了！……不行吗？那好吧。"

他们关了DVD播放机，开始计划第二天早上醒来后要做的事情。

"亚历克斯，你觉得明年你能自己坐飞机来我这里吗？直航，总共一个半小时。"

"我觉得我还太小了。"

"呃，今年是小，但我是说明年你七岁的时候。"

"呃，我不知道……"

"好吧，你考虑一下然后告诉我，好吗？"

一周后。

"你考虑好明年能不能自己坐飞机了吗？"

"我更希望有爸爸或妈妈陪着我。"

"是的，我能理解……但明年他们可能没法陪你。不过我们有足够的时间来考虑这件事。"

有时候，你在五分钟后可能会得到一个否定的回答——那时，你需要决定接下来该怎么做。你可以说："好吧，我听你的，但我不想等。我现在就想做。"

或者："好吧，我听你的，但在我们出门之前，真的没有多少时间了。你有可能改变想法吗？"

或者："好吧，我想听听你为什么不想这么做。"

这个原则与"民主"无关。它也不是说让孩子自己决定是否刷牙、去幼儿园或者上床睡觉。但这是一个更为根本的原则，它保护了孩子的个体完整性，维护了他们的尊严。通过这种方式，孩子学会了如何与他人"建立关系"。这个原则基于这样一个基本的经验，即当我们认真对待孩子（以及老年人）时，他们会变得更有创

Take five！（等待五分钟！）

造力和灵活性。这样也能避免权力争斗和无休止的争吵。

但这里有一个陷阱！

只有在你真正尊重孩子，尤其是孩子的尊严和个体完整性时才会奏效。如果仅仅把它当作一种实现你的意愿的方法，那是行不通的。当孩子被当作一件物品来对待时，他们往往会反抗。当他们被操纵时，他们也会用操纵来回应。

一个在被认真对待和尊重的环境中成长的孩子，学会了信任父母和其他成年人的智慧与经验，他将会健康成长，并能够接受自我。

换句话说，这样的孩子几乎不可能成为任何事情或任何人的牺牲品。

儿童与色情

男孩子偷偷在被子下阅读色情杂志的时代已经过去了。如今,孩子们很早就受到网络色情的冲击,这让他们中的许多人感到很恐惧。丹麦的儿童求助热线记录发现,关于这一主题的电话数量大幅上升。

九至十五岁的孩子会对裸体图片、性能力的展示和某些性行为感到困惑和恐惧。他们将自己的生殖器官和乳房的大小和形状与色情演员的进行比较,担心自己不符合一般标准(这同样适用于许多成年人)。他们看到色情游戏场景,无法想象这会是成年人的游戏。网络色情的存在迫使我们说出和做出或许违背我们意愿或道德原则的事情,但父母和老师必须克服这一点,给予孩子正确的引导。当然，问题的关键是家长和学校可以为我们的孩子做些什么。这是一个紧迫的问题，因为超过80%的孩子经常面临色情内容的冲击。

答案取决于几个因素：79%的欧洲男性会经常浏览网络色情内容——当然，这其中也包括父亲和老师，以及一些母亲。这表明父亲应该承担起正确引导孩子对待网络色情的责任。在父母双方都没有直接经验的家庭中，孩子要么自己冒险一试，要么依赖专业的指导和建议。

一些国家的学校已经将性教育纳入课程，虽然这对一些人来说是难以想象的，但学校课堂应该包含一些相关内容。这远比孩子们独自在房间里观看色情影片要安全得多。在没有将性教育纳入课程的国家，父母和孩子只能依靠自己，而父母则面临着更为艰巨的任务。

色情内容往往会激起强烈的道德批判和抵制，这使得一些父母难以甚至根本无法与孩子进行建设性和有益的对话。

如果是这样，孩子就只能在同龄人中寻求支持。

许多父母对于谈论性感到恐惧并犹豫不决。通常，他们希望或相信孩子会以其他方式获取信息。然而，事实上，尽管性在社会公共领域无处不在，但孩子还是很脆弱，缺乏安全感。虽然他们了解的信息更多，但同样容易受到冲击，需要与值得信赖的人对话，并获得他们的正确引导。在丹麦的学校里，这早已是一种被认为是非常有价值的做法，获得了广泛的认同。关于正面的性教育的视频和 App 是有价值的辅助工具，为孩子们提供了许多信息，但他们仍然需要与心怀善意的人进行面对面的沟通。

使用儿童求助热线的孩子提出的问题和那些不打电话而向父母或老师寻求帮助的孩子提出的问题一样。我们必须告诉他们，色情内容是对真实性行为的一种人为的、不自然的描述，它的制作仅仅是为了获得商业利益，而不是为了启蒙教育。

我们必须让他们明白，男性色情演员的持久耐力是不真实的，这些电影中的许多场景是经过数小时或数天的拍摄之后夸大合成的效果。我们还必须告诉他们，绝大多数的色情内容是人对性的夸张或幻想，并不真实。

我们必须告诉他们，并给他们看（照片），女性和男性的生殖器有许多种大小和形状。我们需要向他们解释，与未来的伴侣享受性关系的最佳方式是对自己的身体感到满意和快乐，而愉悦的性爱与当前自己对身体的审美看法无关。

我们还需要让他们了解，观看色情片时的自慰和射精会使大脑释放内啡肽，因此存在成瘾的风险。这种情况尤其容易发生在男孩身上，使他们很难找到女朋友并维持持久的关系。

我们还需要让他们知道，他们的性取向与所有这些事情无关。

不管你是家长还是老师，都可以在与孩子或学生的对话中，自由地用自己的道德观点来结束对话，并表示愿意与他们进行关于道德的辩论。

请记住，许多孩子在谈到这个话题时会感到不舒服。一些孩子一开始倾向于避免眼神交流，而如果父母能承认自己也有些尴尬，这对孩子来说有很大帮助。在一起讨论时，孩子喜欢打闹、开玩笑，甚至相互取笑，但是老师和家长可以相信，他们会注意听每一个字，并且还能记住每一个细节。他们可能不想与成年人讨论他们所听到的内容，但他们会与最好的朋友详细讨论。

性是我们个人和社会身份的一个非常重要的部分，能在正确的时间获得正确的信息对孩子来说是一份礼物。

是孩子遥不可及，还是我们无法触及？

在整个德国，有二十五位"难以触及"的青少年。如果我们努力的话，其他人基本上都是可以沟通的。

尽管如此，仍然存在一群青少年——主要是在十八岁到二十岁之间——他们非常难以接近，以至于即使是受过专业训练的教师也会感到难以应对。

原因在于，这些青少年不仅对成年人普遍缺乏信任，而且尤其不信任专业人士，这使得情况变得更加糟糕。在这方面，我经常引用我在洛杉矶遇到的一个男孩说过的话。大约二十年前，我在洛杉矶指导过一些课程。对成年人来说，他就像一个"没有可能"的孩子的典型例子。他当时十三岁，现在可能脸上有三十六个穿孔——但那时他一个也没有。这个男孩站在我面前，问心无愧地直视着我的眼睛。他一点儿也没有发脾气，只是非常冷静地对我说："先生，我要告诉你一件事，我再也不会接受任何人的屁话——永远不会！"他所说的"屁话"是指说教——这是一个多么有力的声明啊！为了解释为什么我们的"屁话"会失败，我需要说明一下。

教育的成功之所以有局限性，是因为它总是有具体的目标。

的确，有很多人坚持不懈、认真尽责地试图和青少年建立联系。但他们得到的指示是："你必须和这个年轻人谈谈，他必须回到学校，他必须完成这样（或那样）的目标。"因此，教育工作总是受到特定任务的束缚，这使得一切都变得一团糟！

青少年总是要面对一些带着任务而来的成年人。这些成年人已经尝试过这种方法一百次了，但也已经失败了一百次。既然我们无法通过这种方式来帮助这些年轻人，那么，我们就要依靠他们自己做出正确的选择。我们相信青少年是依赖我们的，但有时候这只是一个错觉。

社会共同责任

我们必须清楚地认识到，我们已经无法用传统的理念接近这些青少年了。而且，一般来说，青少年也很难找到建设性的榜样。如果幸运的话，有些父母可以成为榜样，但当孩子超过了十三岁，他们差不多一个月才和父母共度一个周末。在这个人生阶段，他们需要找到其他的榜样。

总的来说，目前缺少那些能够承担起责任，并以明确且具有建设性的方式扮演领导角色的成年人。不仅在家庭中需要这类角色，在社会上也同样需要，可大多数成年人都无法扮演好这类角色。

几年前，人们都在谈论两个青少年在一个轻轨车站打死了一个男人的事件。我既不想为这种暴行辩护，也不想弱化其严重性。然而，值得注意的是，人们对这类事件的反应总是遵循同样的模式：人们震惊，对青少年的行为予以最严厉的谴责，然后安装更多的监控摄像头，增加轻轨车站的巡警数量——仅此而已。然而，我们完全没有意识到，这是我们共同的责任。负责的成年人，例如青少年管理局的工作人员等，必须承认，他们以往的行为和理念是失败的。他们应该通过媒体发表声明，并表示："我们意识到，我们也承担了一部分责任。因此，我们想邀请家长、青少年、专业人士和评论家与我们进行交流，因为我们必须比现在做得更好！"

然而，我们从未听说过有这样的承诺。大多数媒体只是把青少年钉在了耻辱柱上，将他们形容为失败的、没有希望的或无法挽救的。而许多十二三岁的孩子看到这些标题，他们也会认为自己有问题。那么，当他们自己遇到问题时，怎么能鼓起勇气和信心，去向青少年管理局寻求帮助呢？他们本应该能够确信自己可以得到专业的帮助，在青少年管理局工作的人员关心他们，并愿意为他们提供帮助。当然，这是能够让人确信的，但是如果我们继续将责任一概归咎于青少年自身，结果只会适得其反。

我只能再次重申：我们需要负责任的成年人！

我们必须做什么？

好消息是，社会所需的变革不需要政治措施，也不需要资金。它是免费的。

要实现变革，我们只需要做到以下这些事情。

青少年管理局的工作人员和相关领导应该直接向青少年表示："很抱歉，我们之前做得不够好。你们能再给我们一次机会吗？"这样做不需要花一分钱。你不能命令孩子们承担责任，这是不可能强制的。过去一个世纪，人们一直试图用这种方法让孩子们承担责任，然而这种方法并没有奏效。

人们必须反思，扪心自问：我愿意吗？我愿意承担这个责任吗？这可能听起来非常简单，但事实就是如此。

家长们逐渐意识到这一点，越来越频繁地参加家庭咨询，不再掩饰自己的困惑："我们家的情况不太好。我们可能做错了一些事情。"这两句话与老套的悲剧性呼号——"我到底做错了什么？！"——完全不同。

"作为一个家庭，我们需要帮助，我们应该怎么办？"这是一个简单而又复杂的问题。家长们逐渐敢于提出这个问题，但是专家们甚至还没有开始考虑自己是不是也有责任，或者自己是否想在接下来的10年里继续把责任推给家长和孩子。这将是一场革命！我在学校和其他机构经历过上百次——这种态度可以从根本上改变家长的现状。但家长必须从自身开始，不能强加给任何人。

我可以做自己吗？

也许当成年人，尤其是父母们意识到，孩子们就是会有些压力，而且他们也有权拥有压力的时候，父母们便会感到放松一点儿。"压力"只是意味着孩子们想和我们保持关系，而且总是有一些事情我们需要去理解。这个事实我们都无法改变，即使我们再怎么希望这种关系是顺畅无阻的。

在家庭中，每天都发生着无数的大大小小的冲突，但我父母那一代人并不想承认这一点。孩子绝不能表达冲突，女性也不行；只有男性理论上可以——如果他们有时间的话。这正是如今家庭生活的美妙之处，我们可以称之为自由。但从本质上看，这意味着我们终于可以做自己了。

我们也不应忘记，有很多冲突，我们的孩子根本不会与我们争论到底，因为他们认为我们无法承受。

我们的伴侣也不是每次都会和我们产生冲突。

丹麦有一些寄宿学校，那里有许多九年级和十年级的孩子，因为他们的父母"过度负责"，以至于孩子们在家里几乎喘不过气来。在这样的寄宿学校里，他们才终于能够松一口气。

当我在这些寄宿学校做演讲时，几乎总会发生一些非常有趣的事情：讲座结束后，教师们会去睡觉，父母们会开车回家，但青少年们会排队等待，因为他们都有同样的问题想问我。他们的表达方式虽然各不相同，但基本上都是同一个问题："我怎样才能做自己，又不让我的父母感到难过，同时又不让他们总是担心？"这是这些孩子想要知道的，这两种担忧都会让人难过，因为它们意味着：父母对孩子没有信心。

遗憾的是，99%的青少年都无法解答这个问题。不过，我曾遇到过一个十五岁的女孩，她同我谈到了与父母的一次长时间讨论。最后，父亲对她说："但是你知道，宝贝，你的妈妈会睡不着觉的。"这时，女孩用充满爱意而狡黠的目光看着他说："爸爸，我想这是你们的问题。"而事实上确实如此。

政府则延续了这种家长行为，会说："青少年必须以某种方式行事，否则……"政治家们想通过这样的决策来表达他们的决心。就像我母亲以前一周会说好多次的话："总得有个限度吧！"

我绝不是说青少年不再需要父母。父母对青少年来说非常重要。但是，如果父母只是重复那些老把戏，总是唠叨那些老生常谈的警告，例如，"我已经跟你说过一百遍了……"，那么，青少年就真的不是特别需要父母了。

我的母亲很多事情都没有做对，但她偶尔也会做对一件事：我十四岁的时候，若是晚上出门，她会对我说："别回来得太晚。"这对我来说是一份礼物，因为我知道自己想什么时候回家，而且也知道母亲心中那个大概的时间。因此，我可以做出妥协，不会太晚回家。如果她说："你必须在九点半之前回家！"那我肯定会故意晚一个小时回家，因为我不想受到那样的限制。

作为家长，你必须问自己：我为孩子做了什么？什么才真正符合孩子的利益？而我实际做的是为了我自己的形象吗？

我认识的大多数父母，他们做的 80% 的事情是为了自己，只有 20% 是为了孩子。很糟糕吗？是的，这确实有点儿糟糕。至少如果这个比例能达到五五开会更好。所以，青少年会对父母的行为感到怀疑也就不足为奇了：**我父亲坐在那里，他在做什么？** 他通过这种父母角色扮演游戏来美化自己的形象。但是，当这位父亲第二天向他的同事说起他与儿子的对话时，他们会想：**真是位明智的父亲！你就应该这么做，跟青少年说话就要这样。** 我不知道为什么他们会这样认为。

我们很容易忘记，我们今天的生活方式相对较新颖。以前的孩子受到的保护较少，需要早早像成人一样工作，为家庭的生计做出贡献。

我非常理解，对父母来说，在情感上放手有多么困难。但真正令人担忧的是，父母几乎无法真正信任他们正值青春期的孩子。信任并不意味着：**我知道你会按照我的意愿做所有事。**

信任意味着：我知道在接下来的几年里，你会犯下数百个可能令你痛苦的错误。但我相信你会尽力成为最好的自己。

这就是信任！

培养自信心

我们可以尝试帮助孩子培养一定的自信心。这有多种方法，但在青少年时期，最重要的是观察孩子，并邀请他们谈谈对自己的看法。孩子有什么想法？对他们来说，什么重要？什么不重要？这样，父母就可以更好地了解孩子。我与大多数十四至十六岁的青少年交谈时，他们会说："我们生活在两个不同的平面上。我们有一个社交生活的层面，那里有时尚、妆容、语言、音乐等。但我们也生活在一个非常严肃的层面上——而我们的父母从不关心这一点！他们总是只关心'你看起来什么样？为什么要打耳洞或文身？谁是你的朋友？'，等等。"所以我认为，父母必须更多地关心孩子的这一层面。

父母需要问问自己：现在我的孩子是一个怎样的人？这样做也会帮助孩子发现他们自己是怎样的人。

但如果父母总是喋喋不休，表现出他们希望孩子应该这样而不是那样，那么，孩子的自信心就无法形成。这样只会增加他们的不安全感，并使孩子质疑自己：我到底有没有价值？如果情况真的很糟，则会是：我到底有没有权利享受我的生活？

批评的影响

当批评变为人身攻击和用来贬低他人的武器时，它有时几乎是致命的——这对孩子和父母都是如此。而孩子在这一点上尤为脆弱，因为他们无法将自己的行为和自我区分开来。如果父母批评孩子的外表或孩子所做的事情，孩子就会把这当成是针对他们自身的批评。他们会将这种认知储存起来，也会误认为父母觉得他们不够好。

如果父母对孩子的行为不满意，并不一定要以批判的方式进行表达。例如，如果我的女儿总是迟到——迟到是指违反了我们的约定——那么我可以坐下来对她说："听着，这就是我们现在的情况，我不想再这样下去了。"这不是批评！这只是明确表达了我的立场——

我愿意接受什么，不愿意接受什么。

如果我去定义对方，那才是批评："你是个坏女儿。你表现得很糟糕。"或者当父母试图表现得特别友好时："哎，这都是因为你的年龄。你现在正处于青春期，这差不多可以说是一种病。"当母亲这样批评孩子时，孩子也会做出同样的回应："哎，妈妈，你就是正处于更年期。"

如果某人在钢琴演奏或网球等方面表现不佳，未能发挥他的潜力，我们或许可以批评他。然后可以说："来吧，再试一次。你需要多多练习。"但这与针对个人进行批评是完全不同的。

我们该如何对待那些不愿意参与的孩子？

熟悉我的人都知道，我非常重视与学校教育相关的问题。我希望能有更多的与传统学校不同的学校。这些学校的负责人多年来一直在思考和积累经验，只为回答一个教育的核心问题：我们如何在学校里创建一个运作良好的社会？我们甚至可以在家庭、学校、城市或整个国家的小范围内提出这个问题。

近些年来，我们一直试图运用民主的理念来回答这个问题。对我来说，最重要的是我们如何对待那些不愿参与或不能参与的人。有一个寄宿学校的老师曾经问我，学生是否应该在每个星期五下午整理和打扫自己的房间。对此，我的回答是："我想回答教育方面的问题，但这不是教育问题，而是一个实际问题，这由成人来决定。"在家庭内部也可以提出这个问题，但它与教育无关。

当然，有人可能认为，这对八到十四岁的孩子来说是有益的，因为这样他们在以后的生活中，例如在一段关系中，就能够掌握这种能力。但在我看来，这可以在三天内学会，所以没有必要把整个童年都花在这上面，但这只是我的个人看法。

我所关心的教育问题是，我们如何对待那些说"我不参与""我不做这个"的孩子。

对于那些无法做对、存在心理社交问题或表现异常的孩子，我们该怎么办？我们要惩罚他们吗？大多数机构给出的答案都很简单粗暴。他们会说："是的，否则你就不能待在这里。"

我们如何以一种体面且尽可能有益的方式对待这些年轻人？我们知道，他们多年来一直在努力参与和合作，但出于某种原因，他们没有成功。

如果成年人投入大量精力并且充满热情——据我自

己的经验——那么 99% 的孩子都愿意合作。这并不取决于背后隐藏着什么哲学或教育理念，在许多学校、机构甚至家庭中都可以观察到这一点。

个人责任和真正的认可

我个人从未对任何一个青少年说过，你无法沟通或者没有希望。但对于某些情况，我能够理解，例如，一所寄宿学校不得不让一个患有厌食症的学生离开，因为他们无法应对学生的这种特殊情况。在所有的家庭和学校中，都会存在某些标准和约定。这当然无可非议。但当我们不是某个系统的一部分时，我们该如何对待青少年呢？例如，我们该如何处理那些欺负和霸凌同学的青少年呢？

这时，个人责任就显得非常重要，但其真正的意义至今仍被严重低估。虽然人们不断谈论责任，但谈论的几乎总是社会责任，也就是对集体的责任。

个人责任和真正的认可

一个人有社会责任感，这本身很好，我相信这种责任对任何人来说都没有害处。但是我们也需要另一种责任。

例如，如果一个霸凌同学的青少年对我说："我不知道该怎么办，因为有来自群体的压力……我必须再次那么做。"我不会把他赶走！相反，我会对他说："这真是太遗憾了，你不能决定让你的同学们过上安宁的生活。但是我绝不会让你离开！你要留在这里，直到你学会了停止这种行为为止。因为你要对你的语言和行为负责，如果你把责任推给群体，那么你显然还没有真正到了十四岁。现在，你得留在我们这里。"我绝不会对一个欺负同学的青少年说："你现在必须离开。"

我相信，我们人类可以文明行事。但众所周知，这种文明的表象很脆弱——至少对我来说是这样。如果在同一个班级里有一个欺凌者和一个被欺凌者，那么我们便有了两个没有自尊的同学。此外，还有涉及其他人的旁观者效应[①]——这些不只是真人秀节目所依赖的一种原始机制。在这种情况下，我们成年人需要发挥领导作用，而不是任由一切事情发展下去。

---

① 编者注：旁观者效应是指对于某一件事来说，当个体被要求单独完成时，个体责任感会很强，会做出积极反应；但如果是要求群体共同完成时，每个人的责任感就会大大减弱，遇到困难时往往会选择退缩。

全日制学校

全日制学校是这个社会的一个理想。因为在这里成年人终于能够完全掌控一切,而可怜的孩子们每天回到家只需要和父母在一起待上两三个小时。虽然我也认为,我们确实需要那些能够培养孩子各种类型智力能力的学校,但在我看来,让所有人都上全日制学校可能是一场灾难。但幸运的是,我不是政治家,没有政治影响力。

我最大的担忧与知识传授或教学质量无关。我真正担心的是其他的事情。一些青少年非常明确地表达:"我们不想上全日制学校,因为我们还想有时间和朋友在一起。"

现在,孩子们最缺乏的是可以没有成年人干扰的时间。孩子们也需要有只属于他们自己的时间，可以一起打闹、冒险等。

在教育层面上，如果我们考虑的是社会希望为孩子提供什么样的教育，那么，全日制学校可能有一些优点。至少丹麦的政治家们非常热衷于此。但是从孩子的角度来看，这个概念并不能说服我。

现在我想探讨一下那些行为异常的青少年，以及我们如何面对他们的问题。让我们设想一下，一个青少年已经有三个月没有上学了，几个星期都没有和他的母亲说话了，他偷东西，抽烟，交了一些坏朋友……我们该如何对待他呢？我该如何把握机会，同时又不受某种隐秘动机的影响？这个动机显然是"我们清楚地知道什么对你最好！"。

在这个方面，德国是一个"疯狂"的国家——既疯狂地好，也疯狂地可笑——因为在这里所有人都认为，无论如何，学校总是最好的。如果一个孩子去了学校，那所有人都可以放心了。然而，老实说，在德国几乎没有学校可以让我自愿把我的孙子送去。这与老师无关，是另一个完全不同的故事。

信任而不是驯服

挪威的学校现在正在实行奖励积分制。这其实是倒退回了巴甫洛夫和他的狗①以及小小的奖励的时代。当成年人看到孩子做了一些他们认为很好的事情——也就是成年人喜欢的事情——孩子就能得到一个奖励积分。当他积攒到十分时,就可以兑换一个大奖励。人们称之为"认可"。

我在柏林曾讲过这个故事,并对此开了些玩笑。

一位柏林幼儿园的园长说:"我们的幼儿园也这

---

① 著名心理学家巴甫洛夫用狗做了这样一个实验:每次给狗送食物之前打开红灯、响起铃声。这样经过一段时间后,红灯一亮或铃声一响,狗就开始分泌唾液。后人称这种反射为经典性条件反射。

么做。"

"可这是为什么呢?"我问道。

"因为我们只有五个成年人,但有二十五个孩子,"她回答道,"如果不这样做,我们无法让孩子们在下午整理好东西。"

但如果五个成年人不能在不引入奖励或惩罚制度的情况下让孩子们整理东西,那么这是一个教育上的失败。由于现在我们不希望再惩罚孩子,所以我们便忽略他们,让他们坐在"安静的椅子"上,但这只是新瓶装旧酒。

令我担忧的是,这种操纵方式现在也影响了青少年的相关工作。这对于一个三岁的孩子来说或许奏效。她说:"妈妈,今天我得了五个积分!我很棒对吧?"但一个十五岁的孩子不会这么说。我的问题是,难道我们不应该以一种全新的方式去信任这些孩子,而不是期望他们完全按照我们的设想去做吗?

建立关系而非工作项目

我想再回到之前提到的那两个在慕尼黑轻轨车站杀害一名男子的青少年。①青少年管理局的负责人对此只说了一句话:"这与我们无关。我们不负责。"天哪!在这种情况下,青少年需要青少年管理局的帮助!但这位负责人的发言代表了一种特定的政治态度。

两个青少年杀了一个人。我不知道他们的故事背景,但当发生这样的事时,教师、家长、心理学家和青少年管理局已经在他们的成长历程中陪伴了他们多年!这也

---

① 这里指的是 2009 年在慕尼黑发生的多米尼克·布伦纳被暴力杀害的事件。一名德国男子见义勇为,被两个十三四岁的中学生殴打致死。当时该案件震惊整个德国,不少人呼吁从重处罚青少年犯罪。

意味着这些机构——包括青少年管理局——承担着共同的责任。

在同一个世界中，成年人认为自己可以轻易摆脱责任，却期望青少年行事要负责任。

我想分享一个关于青少年管理局工作的例子：一个十四岁的女孩三个月没去上学。她的档案放在青少年管理局的桌子上，但那里的工作人员没有时间去关注她。这个女孩来自一个很好的家庭，到目前为止，她一直没有特别引人注目，所以青少年管理局的工作人员希望这个问题可以自行解决。但是它并没有，家长非常绝望。当青少年管理局的一名女员工偶然路过这个家庭所在的街区时，她决定给这个女孩打个电话。

"你好，我是青少年管理局的，我能过来看看你吗？"

"如果你想跟我谈学校的事，那就绝对不行！"女孩回答说。

"不，不，"女员工保证说，"我只是突然想到你，想知道你怎么样了。"

"好吧，那你可以过来。"

"你最近怎么样？"女孩开门后，女员工问她。两个人聊了一会儿，当女员工问到是否可以再来时，女孩同意了。"只要我们不谈学校！"她补充说。

女员工第二次拜访时，两个人一起散了散步。

"你以后想做什么？"女员工问。

"我不会告诉你的。"女孩回答。因为她很聪明，她知道如果她现在说出具体的事情，大人们就会把她变成一个项目。

"好吧，"女员工回答，"那就是说你有一个目标？"

"是的，我有。"

"你是那种容易受人摆布的人吗？还是会坐在家里制订计划？"

"不知道。"女孩回答。

"好吧，我下周可以再来吗？"

"你等我电话吧。"女孩回答。

十天后，女孩给那位女员工打电话说："现在您可以来了。这次我们可以谈谈学校的事情。"

女员工来到女孩家，女孩说："我思考了一下，觉得我必须得有一个计划。我的计划是，我想顺利完成学业，拿到毕业证。"

这个女孩在过去的几天里给五六个不同的部门和机构打了电话，询问如果她想上学需要做什么，需要哪些证明……

这是一个美好的故事。女孩又回到了学校，一切都进行得很顺利。但这也可能是一个可怕的故事，因为，如果青少年管理局的女员工向她的上司报告她与女孩的交流情况时，上司可能会斥责她："你再也不要做这样的事情了！我们这里不是这样工作的！"如果这是我们社会的反应，那问题就真的严重了。

我希望社会工作者和心理学家能够与青少年建立一种没有预设条件和目标的关系。这种关系不寻求任何具体的目标，也不要求任何人做出具体的表现。我相信，青少年会以两倍、三倍的信任回报这种关系。

超负荷，还是挑战？

男士："我能理解，我们应负起青少年所需的必要责任。"但对于一个五岁的孩子来说，我不禁要问，我们所谓的责任是否会给他带来过重的负担。如果他没有回答我对此提出的疑问，你会怎么做呢？

尤尔：那我就再问他一次。当然，作为父母，我们可能得不到正面回答。那我们就需要反省，看看到底是怎么回事。为什么我的儿子会突然这么生气，以至于做一些他明知道是错的事情？当一个孩子明明知道某事不应该做，为什么他还是会去做呢？我会思考这个问题。如果一个家庭中新添了一个弟弟或妹妹，人们可能会很快想到弗洛伊德（从心理学角度来分析），然后说："啊，是因为妹妹。他可能是因为嫉妒妹妹了，所以才这样做。"但很可惜，这并不是真正的原因。就我个人而言，我不太理解为什么这个男孩会如此表现。我觉得唯一的方法就是对孩子说类似这样的话："我知道有些事情不对劲，但我不知道是什么。通常你不会做这样的事情，所以我有点儿好奇。"

男士：这个男孩当然知道他做了一些错事。但是，如果他整晚都在思考这个问题，却没有找到答案，那么，这可能就会让他感到压力很大。

尤尔：是的，那他还有其他选择吗？

男士：我不知道，我想向你请教。

尤尔：我相信在人际关系中只有这一种可能性。例如，在伴侣关系中（父母与成年子女相处时），我的妻子做一些她通常不会做或者实际上不符合她性格的事情，那我自然想知道其中的原因是什么。

"超负荷"这个词是一个很有趣的概念。谁来决定什么叫作"超负荷"？人真的可以超负荷吗？假设我作为一个孩子，正在经历与母亲的一次关系危机。在我生命的前四年半里，她用 100% 的时间陪在我身边，但现在却只有 50% 了，而且她有时候似乎对我有些不耐烦，等等。我从没遇到过这种情况！所以我现在陷入了一场既负担过重又充满挑战的危机中。但我不认为这会让我"超负荷"，因为在人与人之间这种事情很正常——无论多大年龄。

我经常从教育工作者或家庭顾问那里听说，某位妈妈处于超负荷状态。但对我来说，这只说明这位妈妈一

直在面临挑战。如果她不能应对这个挑战，问题就会变得越来越严重。但这只意味着她急需采取一些行动。

如果你希望过上一种没有挑战的安逸生活，那你最好一个人生活。因为人际关系总是会给我们带来挑战。事实就是如此。

然而，确实有一种现象会让孩子感到超负荷。当孩子不得不承担过多的责任，甚至是全盘接手了父母的责任时，超负荷这个词是恰当的。然而，如果在亲子关系中，父母决定让女儿承担一定的责任，那么他们很快就会发现，这个决定可能早了半年。

挫败和恐惧

母亲：关于批评，我有一个问题。如果我不能批评我的孩子们，那么怎么体现我的领导地位呢？毕竟，当孩子们做错事的时候，我有责任告诉他们！

尤尔：你采用这种领导方式已经多久了？

母亲：我的孩子们现在是十四岁和十七岁。

尤尔：你用这种方式取得成功了吗？

母亲：没有，所以我才在这里。我儿子现在都不和我说话。我的女儿很刁蛮。我应该怎么做才对？总的来说，我的孩子们还是不错的，但他们就是很特立独行。

尤尔：你不认为这些问题和你对孩子们的教育有

关吗？你认为这是基因预设好的吗？

母亲：你认为我做错了什么呢？

尤尔：并不是说你做错了什么。但我相信，如果我是你的孩子，听到你这样谈论我，我会感到非常不舒服。

母亲：那应该怎样更好地谈论自己的孩子呢？

尤尔：许多父母在尝试了所有办法但并未获得他们所期望的成功后，就会像你这样谈论他们的孩子。这适用于所有的亲密关系。这些父母会因此感到沮丧。我现在遇到的就是一位沮丧的母亲。但你说得对，没有这种挫败感也是不行的。这样的时刻，无论是几小时、几天或者几周，都是必须经历的，这就是事实。尽管如此，我还是想说，我们完全有可能以另一种方式与自己的孩子交谈，而又不失去自己的权威。

母亲：我该怎么做呢？

尤尔：你能给我举个你生活中的例子吗？

母亲：可以，我儿子是最大的问题。他十七岁，并且和他的朋友们发现了一种昏迷式酗酒的做法。他们真的喝得烂醉如泥。我非常害怕他会堕落。目前他喝醉了还会回家睡觉，但也许有一天他根本就不会回来了。我很担心。我们每次因此而争吵。就算我不说酗酒是件坏事，他自己也知道。但我告诉他："如果你继续这样下去，会把自己的脑子喝傻。永远不会有出息！"众所周知，酒精会破坏脑细胞。

尤尔：你认为他不知道吗？

母亲：他当然知道。所以我不知道还能说什么。这些他自己都知道，但他就是停不下来。

尤尔：如果你不知道还能说什么，那很好！那我们就可以讨论一下，真正该说的是什么。在你的心里认为有什么是需要对他说出来的？

母亲：（沉思良久）我害怕。

尤尔：还有呢？

母亲：这还不够吗？我担心我的孩子。

尤尔：我不知道这够不够，我只是想知道这是不是你所有的感受，或者还有更多。

母亲：我害怕他会停不下来，而我又没有办法阻止他。我把事情搞砸了。为什么他要这样喝酒？为什么他觉得这样很好？我们做父母的哪里出了问题？

尤尔：对于你的这些问题，一个青少年是无法回答的。当年我会偶尔从我父母那里偷一点儿零钱。有时候他们会察觉到，并在深夜十一点把我叫醒。然后我们坐在桌子旁，他们会问我："你为什么要这么做？"而我知道，我不能告诉他们真相。真相就是，我需要钱，所以我这么做了。但这要我怎么说呢？同样，你的儿子也无法回答你的问题。

母亲：为什么你不能告诉你的父母你需要钱？

尤尔：因为他们会撒谎。当然他们会说："你随时都可以来问我们要。"但我知道这是不可能的。否则我早就那么做了。我是可以去问，但我的父母从来没有同意过。你儿子知道自己在做什么，但这并不会改变他的处境。实际上，他说不出什么能够减轻他母亲担忧的话。例如，他不能说："我在这个世界上活了十七年，老实说，这个世界对我来说毫无意义，一切都毫无意义。我不知道该做什么，我真的不在乎任何事。"

母亲：是的，如果我的儿子这么说，我会崩溃。

尤尔：尽管如此，这却正是许多青少年实际想要表达的想法。但他们没有这么说，因为他们不想让自己的父母更加担心。你的儿子也可能会说："我不知道我为什么要酗酒到昏迷。我们就是这么做了。"

母亲：整件事情对我来说太恐怖了，救命，现在怎么办？他怎么才能听？他应该停下来！我真的不知道该如何消除我的恐惧。这种昏迷式酗酒真的会让人变得愚蠢并且患上酒精依赖症。这不好玩，我真的不知道，作为母亲，我怎么能保持冷静？我现在确实无法改变什么，到底怎样才可能有所改变？

尤尔：首先，你——像所有其他父母一样——必须为自己的恐惧负责，并告诉自己，儿子不应为我的恐惧负责，那是我自己的事。

母亲：这是你对一个因为儿子的行为而感到极度害怕的母亲说的话吗？

尤尔：是的。我也会对一个坐在丈夫面前、说自己嫉妒得发疯的女人这样说："对于你的嫉妒、你的信任、你的不信任、你的感情和你的想法，你需要自己负责。"不要把你的情绪归咎于你的儿子，他自己已经够忙的了。

我们的孩子不是为了取悦我们或让我们安心而存在的。父母可以选择是想要和孩子们一起成长和发展，还是不想。

但是，如果父母固守在一个角色中——例如恐惧的母亲的角色，那么她的儿子就只能逃跑！因为他别无选择。我自己年轻时经过谨慎思考，决定去当海员。我的母亲对我另有打算，甚至已经和村里的一个木匠谈好了，让我去那里工作，但我却选择了当海员。如果我的母亲知道我在那两年里都经历了些什么，她可能至少会自杀十次。但我活了下来——而且不仅仅是活了下来。因为在那两年里，对于我自己和生活，我学到了比在任何学校或大学里都要多的东西。当儿子或女儿十六岁时，父母应该迅速重新对其他事物产生兴趣，例如对他们彼此。

当孩子开始昏迷式酗酒或者有其他不良嗜好时，他们需要真正可靠的父母。但如果母亲以自我为中心，就根本无法为孩子提供帮助。孩子和母亲是无法建立联系的，根本无法有效地交流。

挫败和恐惧

当我们的孩子做了我们怕他们做的事——那时他们最需要我们。

这并不是说父母必须忍受一切。父母也可以这样告诉他们的孩子："你选择了一种特定的生活方式，而我只能告诉你，我无法接受这种方式。这对我来说太痛苦了，让我感到非常困扰。如果你想这样生活，你得去其他地方，在我这里是不行的。"当然，这种情况也可能发生在伴侣关系中。那时，你也需要清楚地告诉对方，你是什么样的人。你能接受什么，不能接受什么。然而，那些以自我为中心、被自己的恐惧主宰的父母的担忧对他们的孩子来说是一种巨大、额外的负担，而且这些担忧通常都是父母的小题大做。

此外，不要忘记，父母也经常会给他们的孩子带来很多烦恼。今晚可能有成千上万的孩子因为他们的父母而无法入睡——这与父母对他们的担忧是完全一样的。无论我们是否愿意，我们总是会担心彼此。那些因此而感到不堪重负的父母可能应该考虑对他们的孩子"放手"。

不是袖手旁观,而是建立关系

女士:如果我没理解错的话,你的意思是首先要与孩子建立关系,而不是立刻追求某个具体的目标。你提到了那个在几天后就改变态度的女孩的例子。但是如果孩子不改变态度,我们要等多久?我们应该给孩子多少时间?什么是还可以接受的?什么是需要负责任的?半年、一年?有时间限制吗?我们什么时候可以提出要求呢?如果孩子在半年后仍然不转变,我们在这个过程中应该袖手旁观多久呢?

尤尔:"我们什么时候可以提出要求?"我对这种说法感到困惑,我并不是说要袖手旁观。

不是袖手旁观，而是建立关系 》

我说的是建立关系——这持续多久都可以，只要有必要。这没有时间限制。

成年人之间也没有限制。那么，为什么在孩子身上应该有限制呢？如果我的妻子感到不适，感到抑郁，没有能量，没有兴致，等等，我也不会对她说："听着，亲爱的，你现在有十八个月——不会更多了！"只有对我们的孩子，我们才会想知道极限在哪里。

成年人如果无法忍受"孩子也需要时间"的话，那么，他们就应该把位置让给那些愿意花时间陪伴孩子的其他成年人。否则，我们的孩子就会变成一个项目。

这种"如果不行怎么办？"的问题，我听得太多了！坦白地说，对我来说，这有点儿让人沮丧。为什么专家们不说："我们的日常工作非常繁忙，我们在许多方面都在努力奋斗，而且有越来越多的青少年需要我们去关注。是否还有其他方法呢？这将会对我们有很大帮助。"但我们听到的只有抱怨："那我们该怎么办？"

办法总比困难多

心理学家：我也与家庭合作，我很喜欢你提到的关于父母与孩子之间如何建立亲密关系的层面。但是所有这一切都要求父母具有很高的自我反思或自我认知能力。那你是如何与自我认知能力较弱的父母合作的呢？

尤尔：根据我的经验，在专业人士之间存在一个误解，他们认为有些父母很少有机会关注自我。而我认为，父母爱他们的孩子，并且在必要时愿意为了孩子而牺牲自己的生活。这对我来说，就已经足够了。他们自我反思能力的高低对我来说并不那么重要。他们自我反思能力较差对我来说只是一种教育上的挑战。

> 这意味着我需要更加努力地工作，表达得更加清晰。那就好比说，我不能从前门进，而是要通过地下室的窗户进来。但我认为，有些父母无法自我反思这种观念是错误的。我也可以问：家长应该如何应对那些无法自我反省的心理学家呢？我们可以与所有的父母平等地合作，因为大多数问题都具有普遍性。例如，如果一位处于恐惧中的母亲总是居高临下地谈论她的孩子，那么这位母亲通常知道这样做是不对的。只是这是她目前唯一掌握的语言和方式罢了。如果这时候，一个说自己什么都更明白的人出现了，那么这位母亲首先要把她所有的挫败感发泄出来。可以说，这位母亲对我说的话只是她的名片。她递给我一张名片，告诉我："这就是我，这是我的联系方式——请一定要联系我！"这才是重点。

我在生活中，很少遇到过有父母谈及他们的孩子时会说："我已经完成了我的任务。我和他们生活了十年，现在把他们带走吧。"这也就意味着，父母总有办法与孩子建立联系，办法总比困难多，尽管这可能需要一些时间。

当我们与那些有点儿难以相处的父母接触时，孩子们必须在场！因为我们必须告诉父母一些对孩子们来说至关重要的事情，我们需要明确家庭中谁要承担责任。

例如，我可以对一位母亲说："如果在过去的十年里，你对你的孩子采取了这种引导方式，那么，你对亲子关系和孩子本身都造成了很大的伤害。现在开始改变还不算太晚，但你必须为此负起责任，然后我们才能开始工作。"

但通常孩子们听到的是："你妈妈很爱你，她现在很痛苦——你能不能表现得更好一点儿？否则，会让妈妈伤心的。"但其实有时候妈妈们也会伤害她们的孩子。

建立关系的能力是可以学习的

治疗师：我从事儿童和青少年心理治疗工作已经有三十年了——在儿童之家、戒毒诊所以及我自己的诊所。让我越来越感到震惊的是，教师和青少年管理局的工作人员因为超负荷的工作而变得日益消极。我自己有时也会有这样的想法：只想离开这里，什么都不想听，什么都不想看！我总是在想，该从哪里获取继续前行的勇气和力量呢？

我在小学教师身上也看到了同样的经历：一个正常的学生在二年级时就被送到了特殊学校。接下来，我们就必须对抗这种情况，用测试证明这是一个完全正常的孩子。这种情况周而复始。那么，要从哪里一

> 次又一次地获得力量呢？我的力量也在慢慢地耗尽。
>
> **尤尔**：这是由结构性问题和弊端造成的。我曾与一些非常愿意从事青少年工作的人一起讨论过这一话题，但由于青少年管理局的规定，他们无法认真开展工作，因为青少年管理局说："这些青少年必须每天去学校，因为在德国，我们有上学的义务。"

一方面，在丹麦，虽然也有义务教育，但人们也知道，那些在学校经历了太多失败的青少年有时需要休学几个月。这似乎并不那么重要。因此，从事青少年教育工作的人员可能会因为系统的阻力无法完成工作，从而感到沮丧和筋疲力尽。

另一方面，如果你与大家一起工作，并且每天下午五点就感到疲惫不堪，那么，你就必须调整自己的工作方式，尤其是要提高人际关系的质量。一个人是可以整天工作，处理非常困难的案例而不会筋疲力尽的。这就需要责任心——在这种情况下，尤其是要对自己负责。

假设有人与一个年轻人进行了一次对话，并在几分钟后发现这个年轻人还没有准备好为自己做出决定——

那我们就不应该计划在接下来的 18 个月内激励他做出决定。在这种情况下，激励是没有用的。这是每个人必须为自己做出的选择。

这就好比一个人如果酗酒，他就不会因为对他的妻子和孩子造成伤害或者因为担心钱的问题而停止喝酒。他只有在自己愿意并开始对自己负责任的时候才会停止喝酒。

因此，当你觉得与他人合作很疲惫时，就需要问问自己是如何工作的，这一点与工作内容本身无关。

现在，我们了解了很多人际关系的技巧，知道了如何与他人建立富有成效的关系。

建立关系的能力不是某些人与生俱来的天赋。任何想要学会建立良好关系的人，都可以通过学习来实现。

这可能需要几年时间，但这是可能实现的。这也是我与赫莱·延森一起写的《从服从到责任》一书中所讨论的内容。当你具备了建立关系的能力时，你会发现工作变得更加有趣，双方都会感到欣喜并充满活力。

我们受什么价值观驱动？

我曾经参加过一个研讨会，现场一位社会教育学教授对五百名听众说："教育无法触及的青少年越来越多，而且没有人知道该怎么办。"会议间歇时，我走到他面前，告诉他："我知道该怎么办。"他用教授惯用的语气回答说："哦，真的吗？我很感兴趣。"

"好的，我很乐意告诉你。但是这需要四天，因为我首先需要在你的头脑中创造一些自由的空间。之后我们才可以开始。"我说。

范式意味着视角、观点，这里是指用新的概念替代旧有的概念。我从 1967 年开始在社会教育领域工作，最初在一所收容九至十七岁的青少年的机构里工作，那段经历对我来说非常重要。在那里，年长和年轻的工作人员之间存在着教育上的分歧。年长的工作人员非常威权，注重过程、后果等。年轻的工作人员遇到问题时则会把我拉到一边，说："这些根本没用。还不如和青少年一起坐在树下，抽一支烟。"我们常常以对立的方式进行思考。一些神经科学家甚至说，我们就是以这种方式思考的：服从或不服从，专制或自由——好像中间没有其他东西，也没有其他选择。如今，我们已经积累了很多经验，因此有许多替代性的机构和项目已经证明了其有效性。例如，丹麦有一个为曾在收容所度过青春期的成年人设立的机构，那里的工作人员曾试图将这些成年人教育成"正常人"。这些成年人至今仍然受到过往经历的影响，在这些机构中，他们设法从糟糕的经历中慢慢地恢复过来。如今，我们已经非常了解这些情况，但奇怪的是，这些经验在我们的工作中并没有充分地得到整合，有些人甚至没有认真地对待它们。

我想明确表示：当我批判时——我非常有批判精神——我并不是针对个别专家，当前官僚主义和专业的价值观越来越背道而驰，而如今，官僚主义的价值观比以往任何时候都更加占据主导地位。

青少年在我们的社会中几乎成了新的敌视对象，在本质上成了一种负担。这在我看来是非常可怕的！

我在瑞典遇到过这样一件事，一个十四岁的女孩因为割腕被送入了一家精神病诊所的封闭病房。她在那里再次割腕，因此，她被隔离了四天。之后，她又一次割腕，于是便被戴上了所谓的保护手套，这样她就无法使用双手了。这真是一场悲剧！说这是悲剧不仅仅因为我们竟然允许这种事情发生，更是因为那些受过专业训练的人竟然做出这样的事情，而且还是"出于好意"。我几乎无法相信，但事实就是如此。我们必须立即停止这种行为。

一个全新的形象

在过去的三十年里,成年人的形象发生了根本性的变化。现代心理治疗和心理学研究向我们展示了一个全新的人类形象。过去那种一刀切的诊断已经被抛弃;如今已经不再存在"神经症患者"——或者说,我们都是神经症患者。这种视角的改变无疑是一个巨大的进步。

例如,对于经历过抢劫的银行职员,我们会为他们提供帮助,因为今天我们知道,这样的经历是创伤性的,我们不能让他们独自面对创伤。我们甚至会给他们几周的假期,以便他们能有时间慢慢恢复。在北欧国家,法律规定,在职场遭受欺凌的成年人有权获得帮助。

令人惊讶的是,这一切仅适用于十八岁以上的人,而七到十八岁的孩子却得不到任何帮助！没有人能想象有人会对一个遭受欺凌的十三岁女孩说："听着，如果你感觉很糟糕，那么上学就没有意义了。你最好在家里休息两三周，这对你来说会更好。"相反，所有人都似乎认为，上学是解决一切问题的万能药。

在这一点上，我们对幼儿的理解发生了巨大的变化。这种范式转变发生在1990年前后。作为一名教师和父亲，我在20世纪70年代初学到的所有关于发展心理学的内容今天已经不再适用了。我们已经了解到，儿童不仅会合作，而且天生就具备一些社交能力，如移情的能力。在过去的二十年里，我们试图将这些新知识应用到我们的家庭和幼儿园中。但对青少年和老年人问题的解决方式没有任何改变。我们今天对待青少年的方式和50年前几乎完全一样。而我们对待老年人的方式甚至比以往更糟。对于现状，我们仿佛看不见，也不愿承认，人的本质并不取决于年龄。我们生来就是人，即使我们患有阿尔茨海默症，我们仍然是人。

我们获取知识的两个最重要来源是个体治疗和家庭心理治疗。我们对所谓的行为异常儿童的大部分了解都来自一个我们对家庭一无所知的时代。

系统理论可能是世界上公认的最权威的理论，帮助我们理解个体的行为只是一个症状。

青少年的行为往往只是他们发出的一个信号，实际上他们想说的是："嗨，我感觉不好！"

神经科学几乎证实了我们所有的认知，尤其是关于儿童和青少年的行为。而社会科学则花了更长的时间，但也成为该领域新知识的重要来源。

如今，我们把权力交给了专家。我相信，我们都知道专家是什么，就是那些只对某个很小的领域了解很多的人。也就是说，有很多专家与青少年和儿童打交道，但他们对家庭一无所知。

这显然行不通。我们越来越多地关注症状而非行为。我们一直在说，我们不接受或零容忍这样或那样的事。今天新闻里又报道了一群青少年攻击并抢劫了一名成年人，并提出了这样的问题："我们要容忍这种行为吗？"这是什么问题？我们当然不能容忍。因此，政治家们谈论着"零容忍"。可这些有用吗？从来没用。

我们必须展露自己的脆弱

我们到底怎么了？我们只是无知吗？我们是懒惰、蒙昧、恐惧还是无助？我认为，我们是这些的综合体。我经常看到成年人（包括专家）感到害怕。特别是那些与普通儿童和青少年打交道的成年人，我认为他们比过去任何时候都更加害怕。

我清楚地感觉到大家都充满了担忧和焦虑。我们扪心自问，如果我们真的展露出自己的脆弱，我们将会面临什么风险？但很多时候我们必须展露自己的脆弱才能取得成功，这是不可避免的。

迄今为止，我们的成功率很低。我不知道我们为什么能够接受这一点，并且继续把我们的失败归咎于青少年。因为我们无法接近他们,我们就说是他们"遥不可及"。这种做法过于简单粗暴,有时候简直难以置信。想象一下,如果你从事广告行业,然后产品卖不出去,你就说:"顾客太难搞了!根本无法沟通。我们也无能为力。"这种说法实在是太过于简单粗暴了!但不知何故,我们大多数人却接受了这种说法。

因此,我们应该立即改变我们的态度,不应再把青少年视为无法触及的对象。

这种道德上的双重标准的游戏是成年人的老把戏:如果我与孩子的关系成功了,那是我的成功;如果不成功,那就是孩子的错。我们在小时候就看穿了这种双重标准的把戏,我们也知道这是不对的,但我们无能为力。好在,如今儿童和青少年能够采取行动,幸运的是,他们也确实在抓住机会。但是,解决这一切的关键还是掌握在成年人手中。解决方案非常简单明了:当成年人承担起他们的责任时,奇迹就会发生。

直接询问青少年

自第二次世界大战以来，我们都做了些什么？我们依赖于框架、边界、纪律、奖励、惩罚、工作和学校。通常的故事情节是这样的：一个年轻人走过来，我们站在那里说"你好，欢迎你！"，但热情程度也就仅此而已，因为我们首先要对这个年轻人念叨一遍规则："这里有各种各样的规则，你现在必须按这些规则生活。我们知道你以前没有做到，但现在一切都会不同！"当然，其实什么都没有改变。

"你必须学会早起，按时上课（或上班），吃好早餐（否则你无法学习），按时回家，路上不要乱花钱，晚上做一些有意义的事情——不要玩电脑游戏，可以看看电视。如果你能这样做,你就是一个正常人,将会过上美好的生活!"

世上可没有人会相信这些鬼话!如果只做到这些,你的生活会变得非常可怕!但我们把它当作目标,说:"如果你达到这个目标,就万事大吉了!"

我们判断成功的第一标准仍然是服从。如果孩子听话顺从,我们就满意了。然后,我们便觉得自己是成功的。

如果我们对待年轻人的方式让他一再变得顺从,这和成功有什么关系呢?以我的妻子为例,她就不是一个很顺从的人。想象一下,如果我学到了一种新的教育策略,用在她身上短短一个月后,我的妻子就对我言听计从。然后我在某个地方发表演讲,告诉听众:"这就是我的婚姻变得幸福的原因。"没人会相信我——希望如此!但谁知道呢。

这一切涉及一个非常复杂且看似矛盾的过程。大多数想要将自己与孩子的关系建立在新的基础上且愿意展现真实自我的成年人通常会这样想:"哎呀,不,这不行。这样我就不对他们负责了,而我必须首先承担起我的责任。"奇怪的是,正是他们的责任感阻碍了他们走上一条正确的道路。

难道是成年人不愿意学习吗？其实，他们是愿意的——但他们更愿意从成人的角度出发，而不是从孩子的视角考虑。

多年来我一直从事教育督导工作。我会和专业人士一起讨论他们在和难以"搞定"的孩子相处时遇到了哪些困难。所以我现在只做我所谓的民主监督，也就是说，孩子必须在场。因为成年人总是向我提出一些他们本应该直接询问孩子的问题。他们从孩子那里得到的答案会比从我这里得到的要准确得多。但是他们不愿意这么做！而且那完全是免费的，而我的服务费很高。此外，他们每天随时都可以询问孩子，不需要预约，也不需要建立新的体系或申请资助。

99%的问题都应该直接询问孩子，并且非常认真地倾听他们的回答。

但这种与孩子进行交流和对话并从中学习一些单靠我们无法做到的事情的意愿却不被成年人认同。难道我们不想进行对话吗？我相信大多数人都渴望与孩子们进行真正的对话。但是遗憾的是，大多数人并不知道什么是对话。他们将对话与争论、谈判、讨论等混为一谈。

对话的核心在于两个人相遇，而且彼此都没有一个明确的目的。

他们怀着好奇心和兴趣坐在一起："我想了解一些关于我们共同感兴趣的事情。我想了解你，也希望你能了解我。"一两个小时后，当两个人分开时，对自己，对彼此，以及对他们共同的话题，他们会比之前了解得更多，这就是对话，而在现实生活中，这种对话很少见。

相反，我们只是在处理症状。我的一位同事以前是一位家庭医生，他曾讲述过20世纪50年代初的情况："当人们因为剧烈咳嗽来找我们时，我们会尽一切办法让咳嗽消失。直到十年后，我们的教科书上才写着'如果人们咳嗽严重，就必须检查肺'。因为咳嗽通常是某种疾病的症状，如肺炎。"然而，当涉及孩子时，我们不想了解肺部的情况，而只是想简单地提供止咳糖浆。

实际上，我相信父母也对真正的对话感兴趣。然而，他们却以新闻记者的方式与自己的孩子交流，问题一个接一个："你怎么样？今天过得开心吗？在学校怎么样？有很多作业吗？"聪明的孩子最终都会感到厌倦，并不会真诚地回答这些千篇一律的问题。然后他们便简单地回答："嗯，还行。"

实际上，我们真的很希望好好地进行一场坦诚的对话，但我们从未学会如何做到这一点。原则上，我们可以很快地学会这一技能，但前提是我们不再认为"我有理，你没理；我是对的，你是错的"。因为这样是无法进行对话的，也根本行不通。然而，不幸的是，这正是目前我们行事的基础。

孤 独

无论是在家庭、学校还是其他地方，需要帮助的青少年都曾是被忽视、受侵犯以及过度合作的受害者。我们直到最近几年才开始关注过度合作这个问题。

根据我的经验，当我们谈到所谓的难相处的青少年时，其中有80%实际上是缺乏父母关怀的，我喜欢称之为实际上"无父母的"青少年。这一点很重要，因为这些青少年有一种特质，这种特质会引起成年人的特定反应。这些青少年非常孤独，而我们无法忍受孤独的青少年。当我们在一个青少年的眼中看到自己的孤独时，我们会想尽一切办法来消除这种孤独感，一定要帮助这个青少年。所以我们对青少年说："来找我吧。如果你完全按照我的方式来做,你就不会再孤独了。"但是这种方法并不能解决问题,因为这些青少年一生都会感到孤独。他们的父母无法满足他们的基本期望,如提供指导、经验和陪伴,即使青少年和父母之间可能确实存在着深厚的感情。

所以,我们告诉这些青少年:"我知道什么对你最好。你不必面对孤独和真实,只要顺从和合作,你就会过得更好。"但其实我们无法帮到这些青少年。歌德曾说过:"人们能感觉到别人的企图心,并会因此感到不悦。"①

我们让青少年感觉到的教育意图是"我现在不是一个人,而是一个物体、一个对象。有人想对我做些什么"。

当青少年感觉到这种教育意图时,他们会变得疯狂。也就是说,我们与他们建立关系的方式带来了巨大的问题,并导致了他们的破坏性行为。

这些"无父母的"青少年非常清楚,他们只能靠自己。

---

① 人们能感觉到别人的企图心,并会因此感到不悦。(So fühlt man Absicht, und man ist verstimmt),引自: 约翰·沃尔夫冈·冯·歌德(Johann Wolfgang von Goethe)的戏剧《托尔奎托·塔索》(Torquato Tasso),1807年,第二幕,第一场。

当然，他们渴望恋爱，渴望有一个恋人，希望终有一天一切都会变得更好。这是一个美好的梦想，也许会成真。

孤　独

我们成年人经常犯的错误是,觉得自己可以成为代替青少年父母的人,然后试图去扮演这个角色。我们最喜欢对这些青少年说:"我知道你没有真正合格的父母,或者你的父母不够好,所以来找我吧,你将会过得很好!"而我们会惊讶地听到他们说:"不,谢谢,但我不需要。我喜欢独自一人,如果你想和我说话,你必须像对待一个真正的成年人那样与我交谈!也许我知道的不如你多,我没有那么多经验,尤其是我没有那么多美好的经历,但这就是我现在的生活,我必须在这个基础上构建我的未来。我和你不一样,也许我有梦想,也可能没有,但事实就是,我是与众不同的。"

当我们理解了这一点,我们与青少年的关系就会发生巨大的变化。但首先,我们必须认识到这种关系至关重要。近年来,我们逐渐意识到,家庭内部关系有多么重要,也非常清楚地看到,在那些所谓的难相处的青少年所处的环境里,人际关系是多么糟糕。然而,我们仍然不明白,我们与青少年的关系对他们成长和发展的整个过程来说同样至关重要。在这一点上,我们做得还远远不够。

将重点放在家庭上

只有在整个家庭的合作和陪伴下，我们才能得到以下问题的答案：哪里感到不适？哪里感觉好一些？这个年轻人需要我们做什么？而对于他所需要的，我们能给予他什么？

当我这样一个儿童和青少年心理治疗师出现时，全世界的老师的反应都非常相似，他们会表现出一些异常行为，向我展示他们目前面临的最大问题，并用有些生硬的语气问我："那我们现在该怎么办？"

有一次，有位老师抓着一个在生活中行为非常糟糕的学生的胳膊说道："现在你给我停下来！"然而，这个学生甩开老师的手说："滚开！"

随后，他立刻意识到他不应该这样做，因为老师也是人，也需要尊重。然后，他冲出教室，过了一会儿，他把学校新安装的一个马桶撬了下来，从窗户扔了出去。

"我们现在该怎么办？"他们问我。

"你们做了什么？"我反问。

"我们让他回家，并告诉他接下来的两周不能来上学。你有更好的主意吗？"

"是的，我有，"我回答说，"我认为校长和相关老师应该立刻去那个孩子家，向他道歉说：'我们很抱歉！我们早就知道你的生活非常糟糕——不仅仅是在学校，而是在你的整个生活中，而我们什么也没有做。相反，我们只是一直告诉你，你需要提高成绩。我们甚至还想要惩罚你，对此我们感到非常抱歉，因为我们显然不应该这么做。从现在开始，学校随时欢迎你回来。'"

有趣的是，当父母忽视孩子时，青少年管理局便会介入说："你们不能这样做。"但是，如果学校忽视了一个孩子，似乎就成了可以接受的事情。反正那是个难以相处的孩子。"但我们还得考虑其他孩子，"老师们说，"否则其他150个学生都会以为可以把马桶从窗户扔出去。"对此我只能说："不会的。"

上学的时候，我自己也有一些行为上的小问题。对我来说，理由也很简单，因为只要你成绩好，你就可以做很多事情。我总是坐在第一排，把腿放在另一张椅子上。

十年来，我的老师每天都说："你不能这样！"

我回答说："我知道。"

"那你就不要继续这样做！"老师说。

"不！"我说。

"但是杰斯珀，想象一下，如果其他二十四个孩子也这样做呢。"老师说。

而我总是会说出事实："但他们不会那样做。只有我一个人这么做。"

那是我的一点儿小小的反抗，我必须说，它非常成功。十年来我一直不被允许这么做，但我还是这么做了。当然，重要的一点是，老师们都对我很友好，因为我成绩好。如果我成绩不好，那情况就会截然不同了。

承担，超负荷承担，还是不承担？

我们可以从家庭中学到很多东西。例如，如果一个孩子生活在一个父母一方酗酒和/或患有精神疾病的家庭中，我们很清楚会发生什么，这个孩子就必须超负荷承担。因为父母无法胜任，所以孩子就得承担起难以置信的责任！这些责任他们可能要承担很长一段时间，而男孩和女孩可能还有所不同：男孩通常可以承担十几年，而女孩则可能会承担一生。

孩子所承担的家庭责任总是巨大的："我要对我的父母负责，通常还要对我的兄弟姐妹负责。如果我父亲喝醉了不能上班，我会给他的老板打电话请假。我可以自己一个人去上学，独立完成家庭作业。而我的父母要么在吵架，要么因为其他原因不能照顾我。这样的情况我可能会坚持十年，之后就坚持不下去了。然后我会开始出现症状。"

按照逻辑，症状会在责任方面表现出来。这个孩子不再对学习负责，不再每天来上学，不做家庭作业，不遵守与老师的约定。

于是学校以坚定的口吻宣布："我们这里有一个孩子，他必须懂得什么是责任！"但没有人意识到，我们面前的这个孩子堪称是责任感方面的欧洲冠军。

这个孩子根本不需要学习什么是责任，而是需要学会如何在家庭和社会中更好地照顾自己。

因此，对于青少年管理局和所有相关的成人来说，大家只有一个目标：这个年轻人必须学会如何更好地照顾自己。

顺便说一句，这不仅仅关乎那些被忽视的孩子，更关乎所有的孩子，包括那些没有表现出任何症状的孩子。

对自己说"是"
——一个至关重要的能力

我想讲一个关于责任的故事。挪威一所学校的老师打电话给青少年管理局说:"我们这里有一个十六岁的女孩,我们有点儿担心她。这个女孩一直很友好、甜美、有责任心,总是按时完成所有的家庭作业。但近来,我们感觉她格外忧伤、情绪低落。"

后来,一位新来的老师注意到了女孩的忧伤,于是主动关心并询问她的情况。仅用了十分钟,女孩就向她倾诉了一切:"我一直都和我的妈妈生活在一起。我的妈妈长期依赖酒精,还患有精神疾病——躁郁症,但她不愿意服用任何药物。"

对女孩来说，和这样一位母亲一起生活是一项艰巨的任务。但她做得相当好，在学校一直表现得很好，总是参与所有活动。随后我们拜访了这个家庭，最后我告诉这位母亲，她的女儿必须搬到别的地方生活。"感谢上帝！"她喊道，"这真是太可怕了，我本不该这样做，但请你一定要帮帮我的女儿。"

那个女孩随后被送到了在挪威被称为"青少年之家"的机构。我对那里的负责人说："这个女孩与其他孩子有些不同。她每天早晨会叠被子、收拾房间，吃完饭会把盘子从桌上拿走——她非常有公民意识。这样很好，但请不要因此而表扬她。"

教育工作者每天都在教导孩子们必须做这个、做那个，然后才能成为一个好人。那位负责人起初并没有理解我的意思，但两个小时后，她说："好的，我不会表扬她。"

两三个星期后，她给我打电话，告诉我出现了一个突发的问题。她对此甚至还有些高兴，因为对治疗师和社会教育工作者来说，没有问题就有点儿失业的感觉。

她对我说:"问题是,她总是在睡觉。她晚上八点上床,中午起床,下午还要睡个午觉,晚上又早早地上床睡觉。"

"太好了,我很高兴!"我说。

"你这是什么意思?"负责人问。

"想象一下,如果你和一个酗酒并且患有精神病的人结婚十六年。现在你终于自由了,你会做什么?你能想象在那种情况下一个人会有多累吗?"

一个人如果一直在承担责任,那么真的可能会筋疲力尽。

我和这个女孩真的很幸运,这位教育工作者一边哭一边向我们分享了她自己在八年前离开一个酗酒者的经历。所以她非常清楚那是多么辛苦的一段经历,会让人多么疲惫。

夏天过后,政府派来了一位工作人员,负责确保青少年能去上学或者去工作。那是一个非常友好且很受青少年喜欢的人。他和那个女孩坐下来说:"听我说,我们需要谈谈你的未来。你知道你想要什么吗?"

"不,我不知道。"女孩说。

"好吧,但有一点很重要,"他说,"你必须自己

做选择。这必须是你自己的决定。选择真正适合你自己的路，这非常重要。"

在一个月内，他这样重复了三次。最后一次，他有些着急，因为政府和青少年管理局的人都在催他，想知道女孩下一步的打算是什么，以及她未来有什么计划。他又对那个女孩说："听着，现在事情必须继续。记住，你必须坚定你的选择，这完全是为了你自己。"我认识这个人，他人很好，对人非常友好、热情，他没有任何过错。

在这次谈话结束一个小时后,那个女孩在她的房间里自杀了。这是为什么呢?因为她对其他人有非常强烈的责任感。她在家里与她酗酒的母亲一起度过了十六年。这位社区派来的先生非常友好,他一再强调,她应该为自己做出选择,这起初听起来像是一份礼物,像是一年中最好的提议。然而,如果一个人根本不知道"为我自己"意味着什么,那这并不是一份礼物!在过去的十六年里,没有人问过这个女孩,对她来说什么是最好的,她自己想要什么。她的母亲很满意,因为她拥有一个承担了母亲角色的女儿。老师们也很满意,因为这个女孩总是能够完成家庭作业,乖巧可爱,而且只有在被提问时才会说话。

如果我们在未来的心理治疗中遇到这位女孩,她那时已经三十五岁或五十岁,是一位有些抑郁的女性,那么我们一开始会探讨她的过往经历。我们会说:"我的天哪,难怪!你从来没有学会如何对自己说'是'。我们现在会全力支持你去学会这一点。这可能需要一年,甚至四年,但请放心,我们很乐意帮助你!"

然而,青少年却被期望在短短十四天内就能完成这一过程。

  我分享这个故事并非想让你们感到悲伤,而是为了表明这个问题的严重性,不论你是八岁、十四岁还是四十五岁。尽管如此,我们还是以一种只需稍加努力就能改变的方式来对待青少年。而我认为,我们应该采取完全不一样的方法。

自我意识和自信心

传统上，我们在教育上投入了大量的精力来关注合作、自信心和社会责任感这三个概念。

首先，合作对我们来说非常重要，成功的第一准则就是"孩子必须与我们合作"。按照我们传统的教育观念，这就意味着孩子需要服从，并遵守成人制定的规则。

其次，我们非常重视孩子自信心的培养。我们希望那些在生活中经历了许多挫折的孩子能在学校、工厂或是体育运动中建立起一种能够体验到成功的日常生活方式。我们相信，通过增强他们的自信心，他们的生活会变得更好。我必须说，那个时候我们对所有人都是这样想的。自信是我们的核心关注点。

实际上，关于自我意识和自信心，我们的认识相对较新。而在我们制定教育原则的那个时候，几乎还不存在"自我"的概念。孩子被禁止有"自我"，他们只能适应和服从。因此，我们现在非常努力，有时也会相当成功地让孩子建立起了自信心。

最后，我们认为青少年承担社会责任非常重要。社会责任这个概念包含了很多主题，孩子不能偷东西，遵守现有的规则，友好地对待他人。即使在今天，我们仍然会经常谈论孩子需要界限。

但我们很少讨论孩子也有自己的界限！而如果我们期望孩子尊重我们的界限，我们当然也需要小心谨慎地尊重他们的界限。

随着时间的推移，我们变得更加明智，也明白了为什么过去我们成效甚微。原因在于，我们试图通过治愈那些最初使他们生病的现象来治愈孩子。孩子在家庭环境中合作得太多、太久了，他们实际上是合作方面的世界冠军。而我们告诉他们的是"我们要求你做的，和你的父母要求你做的一样。只不过我们的方式比你的父母更好"。当然，虽然我们没有直接这样表达，因为那是不被允许的，但我们的意思就是如此。

随后我们发现，自信心虽然很重要，但它总是与具体的活动和能力联系在一起的。人们可以说："我是一名优秀的足球运动员，所以在踢足球时我很自信。"或者"我语言天赋很好，所以在说话时我很自信"。又或者"我很有音乐天赋，我擅长烹饪、交友，我可以是一个很好的朋友，在人际关系中我很自信"。

但事实是，我们可以用很长时间来增强自信，然而孩子和成年人仍然可能会感到挫败，并说："我仍然感觉很糟糕。我认为自己不是一个好人或者正常人。"

这时候自我意识就发挥作用了："我对自己的感觉如何，我对自己了解多少，以及我对此是如何反应的？"那些感觉不好的孩子在他们很小的时候就已经被拥有权力地位的成年人所定义："你是这个，你是那个；你不可以这样，你必须那样；你无药可救。"对自我意识来说，如果一个成年人生活在这样的友情或爱情关系中，情况就会变得极其危险，因为他很快会失去理智。然而，当时这就是教育中的常用语——而且今天在一些家庭或学校中情况依然如此。成年人利用他们的权力说："你就是这样的！而你必须这样做！"

没有个人完整性，就没有自我意识

为了更好地发展自我，以更好地与自己和他人相处，孩子需要做到两点：完整性和自我责任。父母和教育者通常理解的教育对孩子来说往往具有伤害性，使孩子非常痛苦，因为这种教育不尊重孩子的个人完整性。

自 20 世纪 80 年代中期以来，人们开始特别重视自我意识。我遇到的许多年轻父母曾对我说："这也是我们想要的！我可以为我的孩子做些什么？作为成年人，我知道自我意识不足的痛苦。我怎样做才能避免我的孩子也经历这样的痛苦呢？"

自我意识和个人完整性之间存在着一种联系。我的个人完整性——我的思想和感情、我的价值观和我的

身体——必须是完整的，这样我才能感到舒适并感知到自己。

我们知道，性侵犯或暴力等深层次的伤害会对人造成严重影响。经历过这些事情的孩子会变得麻木无感。他们失去了自我感知能力，因为那实在是太痛苦了。因此，当我们与那些有自残行为或患有进食障碍的孩子交谈时，我们面临着一个巨大的挑战，即重新建立起他们的头脑和身体之间或者说大脑和情感之间的联系。如果一个人无法感知自己，就不可能建立自我意识。因为自我意识会涉及"我是谁？我如何反应？我的感受如何？我有怎样的经历？我的界限在哪里？我想要什么？我不想要什么？我喜欢什么？我不喜欢什么？"等问题。

对于那些难以回答出这些问题的人，自然也很难对自己负责。如果你不认识自己，你如何对自己负责呢？

合作、自信和社会责任感的概念处于社会层面。它们听起来很有道理，但在某种程度上只触及了表面。当我们的精力集中在表面上时，我们其实在向孩子传递这样的信号："你可以继续你的自毁行为，我们不会干涉。如果你的行为符合我们的期望，你会得到奖励，但如果你的行为不符合我们的预期,就要承担相应的后果。"

"后果"这个词是"惩罚"的委婉说法。

让我来揭穿一个迷思。我们对那些所谓的行为有问题的孩子的家庭进行了几十年的研究。我们发现,这些家庭的父母对孩子的态度大多不是很坚定。所以,当孩子提出一个愿望时,父母可能五次说"不",然后突然有一次说"好"。由此我们认为,是成年人缺乏坚定的态度。上周适用的规则,这周也应该同样适用。但这种态度导致了一个双重问题:一方面,就我们成年人自身而言,一个人如果总是坚持自己的立场,就无法接受新事物。另一方面,孩子们面临的问题在于,他们的父母在行为上并非始终如一,而是缺乏连贯性。也就是说,父母在言辞上表达的价值观和他们的实际行为之间没有直接联系。

真正危险的是不一致的行为。成年人应该对自己的价值观有清晰的认识,以便能够按照这些价值观去生活。

存在性层面

现在我们已经认识到，孩子也会有存在性危机[①]。之前我们不相信孩子会有这样的问题——存在性危机被认为是成年人的问题。但实际上，这些问题也影响着许多孩子。

现在很多诊断也许在未来就不再需要了。我们越来

[①] 存在性危机是指人们在面对生活中的困难和不确定时，对自我存在的意义和目的产生质疑，进而引发的心理困境。这种危机往往导致人们感到孤独、无助和不知所措，对个人的心理健康产生严重影响。

存在性层面

越意识到，许多孩子患有创伤后应激障碍（PTSD）[①]，我们也在日渐发现那些导致孩子心理创伤的原因。我们完全有可能经历创伤而不受精神上的伤害。但是，对于那些精神上也受到创伤的人而言，他们的生命力、生存能力、生活乐趣和质量都会大大降低。因此，我们必须关注人们在存在性层面上的问题。在这个层面上，孩子需要的是更多的帮助、支持和陪伴。

但前提是他们要信任我们。他们必须非常地信任我们，才会说："好吧，我接受你的建议。其实我对所有的成年人都持怀疑态度。但是你让我感到，或许——我可以信任你。我还不确定，仍然要保持警惕，但好吧，我现在先说'可以'。"如果我们作为父母或专业人士想要与孩子建立沟通关系，我们就必须赢得这种信任——并且是在个人层面上，也就是在具体的关系中。

我们不能期望孩子仅仅因为我们是教育工作者、治疗师或者成年人，就尊重或信任我们。对成年人来说，

[①] 创伤后应激障碍是指在经历、目睹或遭遇一个或多个自身或他人的创伤事件后引发的一种精神疾病，患者症状可能包括幻觉重现、梦魇、重度焦虑等。

情况也是一样的。当成年人需要帮助时，他们也不会在互联网上随便找一个心理治疗师，而是会先在朋友圈子里打听经验。头衔并不重要，我们不会相信头衔，我们相信的只有那个值得信赖的人。

你可以对自己负责

对我来说，重要的并不是我们的教育方式应该更加温和、友好，或更有爱心，而是作为成年人，我们要有影响力，我们必须说出"什么是重要的事情"。我想通过一个例子来说明这一点：

一个十四岁的女孩一直和单身母亲一起生活，母亲有酗酒问题。女孩有两个哥哥——一个也是长期酗酒者，另一个吸毒。他们俩都已经不住在家里了。

这个女孩在学校表现得很好。然而，在她九岁时的一天，政府机构注意到她的状况不佳，想把女孩送到寄养家庭。这对当时的母女俩来说是一种突如其来的官僚主义侵犯。没有对话，也没有协议。因此，母女俩制订了这样的计划：一个月后，女孩打算说，自己的母亲已经不再喝酒了，而母亲也会证实这一点，这样女孩就能回家了。计划成功了，从那以后，再也没有人试图帮助这个女孩。当母亲再次严重酗酒时，女孩本能地知道不能再这样下去，于是她联系了青少年管理局，随后这个十四岁的女孩搬到了一所"青少年之家"。三个月后我在那里做督导。有人告诉我，这个女孩有很大的问题，因为她总是跑掉，而这在青少年之家是不允许的。

现在我来谈谈我们从这个案例中学到了什么。这里有一个没有父亲陪伴长大的女孩。她对她的母亲以及两个哥哥负起了超乎寻常的责任。她是那种所有朋友都会来找她咨询自己问题的女孩，但当这个女孩自己需要帮助时，却没有人能帮她。她感到自己与别人不同。她在九岁时就感觉自己好像已经九十岁了。

她进入青春期后，变得漂亮而有魅力，交了一些年龄在二十五到三十岁之间的朋友。从她的情况来看，这是非常正常的。但她很自豪地说自己还是一个处女，有一些很糟糕的朋友，他们根本不为自己的生活负责。他们总是遇到问题，然后给她打电话说："你必须帮我。"

然后女孩就会去帮忙,或者只是坐在那里听他们倾诉。两三天后,她又回到了青少年之家。每次回来后,她都会被追问,她为自己辩解,因为逃跑是明令禁止的。

听了这个故事,我对那些大人说:"听着,这个女孩并不是在逃跑——她是有目的地去往某个地方。在她的世界里,有人说'我需要你',所以她就去了。这是可以的,对吧?"

"不,这是禁止的,"他们回答说,"这是不允许的。如果再发生一次,她就不能再住在这里了。"

我反驳道:"不可以!如果能搬,那么她今天就可以搬,但这样行不通。她必须学会一些完全不同的东西。"

这个女孩参与了这次谈话,并且好奇地问自己需要学什么。我告诉她:"你必须学会心安理得地与人交往。下一次你想出去,就去找这里的一位教育工作者说'我刚接到在哥本哈根的朋友打来的电话。我现在要去找他'。"

女孩高兴但又害怕地看着我,问:"但是他们会不会因此而生我气呢?"

"我认为不会,他们是专业人士。他们为什么要因为这事生你的气呢？不过我希望他们可以建议你留在这里。但是如果你想走，你还是可以走。"

"可我怎样才能用良好的心态做到这一点呢？"女孩问，"我做不到！"

"我知道，"我说，"但你必须练习！如果你做了十次，你就可以心安理得地去做事了。而如果你能心安理得地去做事了，你就不需要在这里了，因为那时你就不再需要帮助了。"

然后，女孩离开了，教育工作者和我讨论了三个小时，最后达成了一项协议。我请求他们："即使你们持怀疑态度，请至少这一次为我这样做一次——就这一次。"他们照做了，三个月后，那个女孩仍然在这个机构。最初的两周里，她还是离开了三次，而这之后就再也没有过。不久后，她成为一名美发学徒，并给我写了一封信。

我想请你帮助我。我发现我需要治疗。我以为我有很多朋友，但其实我没有朋友；我以为我和一些人有着深厚的友谊，但他们只是在利用我；我以为我在妈妈那里有一个家，但其实我没有家。我发现了这一切，现在我需要你的帮助。

但是，如果没有其他成年人认可我的这个想法，青少年管理局就不愿意为此支付费用。

这个年轻人在三个月内就有了这样的认识——真的非常快。为什么呢？因为她在生活中第一次收到了一份礼物：你现在可以对自己负责。你可以做自己认为正确的事。你可以从自己的经历中学习。

这里的教育工作者坚持说，他们早就告诉过这个女孩——她没有真正的朋友，只是在被人利用。这确实没错——他们一直这样告诉她，但他们是在没有和这个女孩建立起沟通关系的情况下这样说的！那么，这些话就只是从嘴里说出来，然后直接落到了地上。

我们不能对别人的生活进行说教！我们只能陪伴他们。

我可以举出五百个这样的例子。令人难以置信的是，那些经历过许多痛苦的年轻人有时很快便学会为自己负责。你马上就可以在接下来的日子里见证他们的变化。

感受自己对他人的价值

这里我们面临的问题是什么呢？略微夸张地说，我们经常面对的是七到十二岁的孩子，他们比周围的成年人还要成熟。这当然会令人困惑。但如果我是一个孩子，当我面对的是一个比自己有更大权力的"成年孩子"时，我该怎么办？我怎么能对他产生敬意？我在这里所讲述的青少年也有同样的感受。

青少年们面对的是那些不为自己和自己的行为负责的成年人。这些成人不会对这些青少年说："我们认识三周了，我其实很愿意和你合作。但到目前为止，我对我们的合作并不满意。"而说出这样的话其实没那么难，最多是只有一点儿困难，因为要用第一人称表达，不过，这是可以克服的。

接下来才是困难的部分,即你要说出"我已经尝试了三周,但没有成功"。大多数人宁愿死也不愿说出这样的话。他们更愿意说:"我对你束手无策,你就是一个无可救药的人。"但如果他们真的能够承认自己没能成功,那么接下来的部分就更难了,因为接下来你必须说出跟上一句同样重要的话:"现在我需要帮助,你能帮助我吗?"

"不能",青少年们通常会这样回答,或者"我不知道",因为他们很聪明,不想正面回答你的问题。但如果他们问:"我该怎么帮你?"那你的回答就是:"你可以告诉我,我做错了什么。我试图和你建立联系,但没有成功——我究竟做错了什么?"

如果他们有那么一点儿信任我们,他们就会给我们一些答案,但通常是以加密的形式,所以我们还需要进一步解读这些信息。

但这始终需要成年人先开口:"我尝试了,但没有成功。我需要你的帮助。"我可以向你保证,这个方法每次都非常管用。

》**没有遥不可及的孩子** 》改善父母与子女亲密关系的 52 种方法

为什么？如果你处于和这些"难搞"的青少年相同的境遇，你的内心也会充满巨大的挫败感和渴望。这些感受源自各个年龄和各种文化的人都有的普遍需求:"我希望感到自己对别人有价值。"

这并不是站在镜子前欣赏自己,告诉自己我有多么了不起,多么不可思议——这种感觉也许只能维持大约十五分钟。但作为青少年(甚至作为一个人),我迫切地需要感受到自己对他人有价值——特别是对我爱的和爱我的人。

谈谈重要的事情

我曾经遇到过一个"罪犯"——一个五岁男孩。他和他的父母以及六个月大的妹妹住在一个村庄里。有一天,男孩手里一直拿着一块石头,途中划花了好几辆汽车。当时他的父亲正在外地出差,当邻居们把这个男孩送回家时,他的母亲震惊得说不出话来。

这位母亲的妹妹是一位心理学家,她打电话给我,询问我是否能够提供帮助。我说:"当然可以,但我必须和你的姐姐先谈一谈。"男孩的母亲接了电话,我对她说:"当你恢复平静之后,请这样告诉你的儿子,'我从来没有像今天这么想揍你,但我不会那么做,前提是我必须知道你为什么这么生气,是谁让你这么生气'。

你的儿子很可能会说'我不知道'。然后你告诉他'好的。你可以思考一下，如果你知道了，告诉我'。"

不要谈论关于汽车、邻居之类的事——他自己都知道。他知道自己做了一件可怕的事，你不需要告诉他。做到这一点对于大多数父母来说非常困难，因为如果他们不能一遍又一遍地重复同样的话并告诫孩子应如何做，他们就会觉自己不知所措、无能为力。

第二天早上六点半，男孩走进母亲的卧室，说："我现在知道了。"

"你知道什么？"

"我为什么那么生气。"

"为什么？"

"我生你的气。"

"为什么？"

"你总是对我大喊大叫。"

他母亲的反应与99%的成年人面对这种情况时的反应一样："没有！我从来没有对你大喊大叫！我不对任何人大喊大叫！"但男孩很坚定，他说："就是这样。每次你和妹妹在一起时，你就会对我大喊大叫。"母亲思考了一下，突然意识到：**我是没有大声喊叫，但从我的声音中的确可以听出我多么希望他离开，我需要安静**。于是她对男孩说："你说得对，我很抱歉。我以后不会再那样做。虽然这并不容易，但我会尽力。"

就这样，第二天我见到了他们全家人，但那时已经没必要再谈论这件事了。虽然问题已经解决了，但成年人仍然非常紧张和不安，因此他们还是想教训儿子一番，以某种方式教育一下他。但实际上，家长应该放弃这种做法，理由很简单：这个男孩永远不会再这样做了！

然而，对于那些必须连续三个星期每天听成年人教训的孩子来说，情况就不同了。这些孩子必须用一生去赢得父母的信任。因此，他们此后还会再这样做一次、两次，甚至五次。

智能手机成为家庭成员？

丹麦电视台曾进行过一项调查，对象是一千六百名十三岁的孩子和一组数量相当的父母。除了一些专家，众多家长也向我询问了关于智能手机和平板电脑的使用对孩子的社交能力和大脑发育的影响的看法。关于这个问题，由于来自不同国家的脑科学家目前仍在发表截然不同的研究结果、意见和建议，因此我一直都保留着我的看法，即基于家庭关系的性质和质量的一些个人经验。但现在，丹麦青少年和家长在这一问题上压倒性的一致疑虑激励了我，我决定写一些关于这个话题的内容。

我之所以称这些电子设备为"家庭成员"，是因为它们吸引了孩子的大量注意力，对基于爱的家庭关系中的成年人、兄弟姐妹、父母和孩子来说，这些电子设备以一种不健康的方式改变了这些家庭的文化。

调查得出的结论是，大多数青少年会想念他们的父母，并希望与他们度过更多不被打扰的时间，父母也有同样的感受。

但我们即将到达一个时刻，届时大多数年轻人将不再能够对智能电子设备问世前后的家庭生活状态进行比较，因此，这项调查恰逢其时。

出于各种原因，大多数成年人自己已经确信，他们的生活必须跟随电子邮件、消息、帖子和短信的节奏：

老板、朋友和商业伙伴似乎都希望随时都可以联系到我们。所有这些因素都已经成为一个严重的问题，以至于我们必须改变我们的思维方式。

对待手机的方式

十年前，大多数成年人认为在私人聚会上和用餐时使用手机是令人讨厌的行为。如今，这种想法已经不太常见了，特别是一些人觉得对此提出批评很尴尬。

每一段深厚的友情或爱情关系都需要连续性和不被打扰的二人时光，这样才能使关系变得坚韧并发展出所有潜在的细腻和力量——就像植物需要肥料一样。这并不是什么新鲜事。

长时间的伴侣关系有时会令彼此感到厌烦、空虚和缺乏生活的意义，从而使他们变得孤单和不幸福。他们会说，我们相处得很好，但我们不是在生活。造成这种亲密关系连续性的缺失和二人世界受干扰的原因并不那么重要。在智能手机出现之前，原因可能是电视、工作压力、完美主义、核心家庭以外的义务、爱好等。所有这些原因，包括今天的智能手机和平板电脑，并不是令亲密和深层关系失去意义的真正原因。真正的原因在我们的内心。这是一个好消息，因为现在我们有能力改变我们的行为。尤其是当伴侣中的某一方被诊断出癌症或面临其他生死攸关的危机时，这种改变会表现得更为明显。特别是面对死亡时，我们通常会做出最明智的决定。

在孩子们每天与父母共度的那仅有的几个小时里，以下情况出现得越来越频繁：当孩子想问父母一个问题、想要告诉他们一些事情或者回应父母刚刚说的话时，他们听到的回答通常是"对不起，宝贝儿，我得接一下电话"，或者"对不起，但是我刚收到一个同事的消息，我得马上回复。只用一分钟，我保证"，再或者"等一下，我很快……""哦不，我忘了关手机。现在我得立刻回复"。

这种行为很快就会让孩子感到沮丧。但与许多成年人的想法相反，孩子并不会感到被拒绝。因为孩子通常不会以理智的方式宣泄他们的情绪。当父母拒绝他们时，他们只会感到悲伤、失望或愤怒。孩子通常会这样做：

他们开始配合或者说适应父母的行为方式。起初，他们会让步，希望情况会有所改变。到了三岁前后，孩子们开始模仿父母的行为，并将注意力集中在自己的屏幕上——平板电脑、电视，后来是自己的智能手机。

当孩子们在上述调查中说他们"想念"父母时，这种感觉是由不同情绪反应和对孩子性格形成有重要影响的经历构成的混合体：一方面，他们感到无助，因为他们有许多故事和情感想要与父母分享，却在这种时间有限的情况下无法表达出来。他们需要一种安全感、亲密感、隐私被尊重，以及主动的、支持性的共情。即使他们在这种状态的早期阶段感到无助，他们仍然相信父母最了解他们，并会遵循父母的引导。

另一方面，每当父母中断与孩子的联系——哪怕只是一两分钟——孩子的意识流动就会被打断，思绪会飘走。当父母终于想要重新开始时，孩子已经不再感兴趣了，而此时父母又对孩子所谓的"短期记忆力差"和缺乏专注力而感到沮丧。

孩子会非常精准地观察到：**对于父母来说，其他事比我更重要。**这使孩子失去了他正在增强但依然脆弱的自我价值感，以及自己对父母的生活有价值的信心。无论父母多么频繁地说"我爱你"和道歉，或为未来做出浪漫的承诺，但伤害已经造成。在孩子小的时候，他们选择了相信父母的话，这使得他们最终开始怀疑自己的感受，这也又一次导致了他们丧失大部分自我价值感。

每当父母选择优先使用他们的智能手机时，孩子们就会感到孤独，对于许多孩子来说，这种孤独也在其他社交环境中定义了他们的存在。

孩子在进入青春期之前，最常见的表现是丧失对他人的普遍信任，以及逐渐不再相信有成年人会花时间倾听他们的声音，帮助他们表达自己的感受以及了解他们是谁。

一旦进入青春期，这些孩子通常会远离家庭生活，并在其他地方寻求关爱、认可和理解，这进一步增强了社交网络的吸引力。我们通过面向六至十六岁儿童的热线服务了解到，许多孩子认为他们的父母根本就没有时间陪伴他们。虽然这并不一定代表客观事实，但这是孩子们的亲身感受和他们得出的最终结论。

抗抑郁药

从事十六至二十五岁年轻人心理工作的心理学家在报告中称，越来越多的年轻人出现抑郁、焦虑、社交恐惧以及自我伤害等行为。

他们大多会谈到一种自幼与父母疏远的感觉。这种孤立剥夺了他们的感受以及表达内心世界的机会。我们已经到了一个阶段，许多这样的年轻人已成为父母，很可能又将这些问题传递给他们的孩子，从而导致患有严重心理疾病的孩子和成年人数量以惊人的速度增加。然而，给这些年轻人开抗抑郁药毫无意义。

药物是对人际关系不足的一种不完善的替代，而在抗抑郁药的影响下建立的关系是肤浅而短暂的。

抗抑郁药

孤独和悲伤可能看起来和感觉起来像是抑郁症,但事实并非如此。抗抑郁药只能缓解不适感,它们阻止了患者以一种健康的方式来处理问题。对孩子来说,药物会让他们感觉好一些,但这并不能证明他们的情况真的有所改善。

个人关系的本质

个人关系是一种共处的方式，在这种关系中，我们与他人分享我们此时此地的思想、感受、经历和梦想。如果作为伴侣和家庭成员，我们的思想能够同步，生活无疑会变得更加简单，但现实并非如此。了解自己内在节奏的最佳方式之一就是不做任何计划，进行一场为期三周的家庭度假。每天都在早上制订当天的计划，还应该有几天干脆不计划。这种方式的秘诀在于一起自由地遵循内在的生活节奏。这样的经历能够使成年人和学龄儿童更容易适应日常生活中较为不自然的节奏。此外，我们现在知道，我们的孤独感并不是由他人引起的，而是由我们自己的生活方式所导致的。

关系的本质就像钟摆一样，在亲近、融合与分离之间来回摆动。当我们对亲密的需求得到满足时，我们就会需要更多的距离，而当这种距离感得到满足后，我们又会再次寻求亲近。

情感和思想层面的亲密通常需要两到三个小时的共处才能够培养和展现出来。在这种关系中，我们需要一种宁静和放空，以便在愉悦的沉默中"相互了解"。这时，我们会发现自己说出了一些之前从未说过的话，有时甚至是我们自己都未曾意识到的内心深处的想法。如果这种体验发生在我们与单个孩子的关系中（同时与多个孩子无法实现），它往往能给我们带来新的体验，促进我们的美妙的关系向着全新的方向发展。

当今的生活方式使得人际关系的本质极难展现。然而，我们可以为彼此创造出一些共处的时光，以使我们有机会重新开启我们的关系，前提是我们不要把智能手机带入这个共处时刻。如果带上了手机，我们的家庭就会变成一个由各个孤岛组成的群岛，只能通过电子方式进行交流。

为了发展成实质性的亲近关系，我们需要花尽可能多的时间面对面地交流。我们不必总是交谈，也可以一同做各种各样的事情：一起玩耍、工作，一起跳舞、运动，依偎在一起，表达爱意，哭泣、互相安慰，一起烹饪、吃饭，了解对方的音乐品位，等等。我们需要探讨艺术和童话故事，以及独处的空间。

  这就是许多远距离关系失败的主要原因，也是每周更换家庭环境对孩子来说会很难接受的主要原因。有时候，我们可能希望Skype和WhatsApp等即时社交通信软件能够拉近人与人之间的物理距离，但它们无法做到，尽管它们是很棒的社交工具。对于我们所爱和依赖的人来说，它们只是一种苍白的替代品。我们会将头倚靠在对方胸口的深层原因是，皮肤的触感和对方的心跳声会告诉我们，我们并不孤单。虽然我们可以使用智能手机记录和聆听另一个人的心跳声，但这无法替代一个真实的有血有肉的人。

我们需要一种新的生活方式

近年来，一些国家开展了禁止孩子在学校使用智能手机的实验。有的家庭尝试了家庭成员在一周或一个月的时间里完全不使用智能手机。各个年龄段都表现出了绝对的、积极的反馈。孩子在学校的学习成绩显著提高。家长和孩子对他们一起所做的一切而激动不已。这些经历以及我们对快节奏生活和错误的优先次序的认识日益增强，让我充满希望，相信我们的生活方式能够发生根本性改变。

当然，每个家庭都需要发展自己的文化，制定自己的规则，但请记住，这个项目不仅仅是为了保护孩子免受潜在的大脑损伤，更重要的是为了提高家庭的生活质量，建立更好的亲密关系。这种方式让我们对亲人敞开心扉，同时对外界的纷扰保持距离。

不要使痛苦、压力成为我们生活的趋势。与你的孩子和周围的其他家庭一起试验两周。之后，做一个初步的总结。如果需要，可以进行一些调整，并告诉大家，这个测试阶段至少需要三个月。在 Facebook 或其他社交媒体上分享你的经验，帮助大家开启一项新的、可持续的运动。

我的建议

在日常生活中,每天早晨都是无手机时间。同样,在晚饭前半小时到孩子们上床睡觉之间也是无手机时间。你可以制作一个独特的盒子放在门厅。在无手机时间,家庭中的每个成员都可以把手机放在盒子里充电。

从熄灯睡觉后到第二天上班或上学的路上的这段时间,所有的手机都应该关机。

每天所有用餐时间都是无手机时间。这也同样适用于在餐馆用餐以及等待上菜的时间,这些时间非常适合家庭成员用来在分别一段时间后建立亲密联系和亲近感。如果在等菜期间允许大家使用手机或平板电脑,那么,这样做隐含的信息就是"我们聚在一起只是为了吃饭，为我们的身体提供营养，而不是为了我们的内心和灵魂"。

父母和孩子之间可以协商确定使用手机和平板电脑的特定时间。

要提前告知你的朋友、亲戚、同事，以后不再随时都能联系上你，并且在必要时带着孩子们做同样的事。

根据那些进行过类似尝试的家庭报告，在前三个月内父母承担起主导角色并进行一些必要调整是多么重要。两三个月后，孩子们将成为最有说服力的大使，会鼓励他们的朋友在家庭中重新规划电子设备的使用规则。

在一些严格实行手机禁令的学校，孩子们发现了这种做法的很多益处，但建议学校在午休时间允许孩子们使用手机，以便他们能够跟上社交网络的步伐。当学校同意这一点时，孩子们甚至更能理解手机时间和学习时间之间的区别。

马蒂亚斯·弗尔切特致谢词

特别感谢克努特·克鲁格负责本书的编辑工作。亲爱的克努特·克鲁格，你的德语翻译总是语言精准，成功地传达了文字背后的深意。你在表达杰斯珀·尤尔的观点、重现他营造的氛围时，都非常贴近原文。当我阅读你的翻译，或现在你对《没有遥不可及的孩子》这本特别的书所进行的编辑时，我仿佛又听到了杰斯珀·尤尔的声音。感谢你的倾情付出，让后世也能品读杰斯珀·尤尔的精神作品。

纽卡·马蒂斯的工作为本书的编撰奠定了基础。她以极大的细致耐心和知识储备，将口头语言转化为可阅读的文字。亲爱的纽卡，我为此向你表示感谢！

亲爱的比茨女士，我要感谢你在共同交流中的那些优秀想法，与你以及科塞尔出版社的合作总是令人愉快的，期待我们未来的合作同样美好。

亲爱的杰斯珀，非常感谢你一直以来为我们录制、拍摄你的公众演讲提供大力支持。

如今，我们越来越意识到你精准的表达所蕴含的宝贵财富。

你用非母语将复杂的概念（如人际关系）阐述得如此清晰，这是你了不起的成就。

亲爱的克劳斯·韦斯特，你负责为杰斯珀·尤尔的出版作品配音。作为旁白演员和导演，你的热情让包括本书在内的许多书籍变成具有特殊品质和强烈感染力的有声书。为此，你还邀请了各界人士为这些文字赋予了鲜活的生命。每一次倾听你的作品都是一次美妙的听觉之旅，感谢你的真诚付出！

最后，我要感谢我的妻子埃莉诺蕾·德哈农库特，她一直默默地支持我，让我能够完成包括本书在内的众多书籍的出版。亲爱的埃莉诺蕾，如果没有你，我就无法取得今天的成绩，因为没有人能独自把事情做到更好。

附　录

书籍推荐

汉斯约格和伊娃-玛丽亚·巴赫曼（Hannsjörg und Eva-Mariele Bachmann）：《家庭生活：孩子和父母如何共同成长基础篇》（Familien leben. Wie Kinder und Eltern gemeinsam wachsen. Ein Grundlagenbuch.），慕尼黑，2019年出版

弗兰克和贡迪·加斯勒（Frank und Gundi Gaschler）：《我想理解你真正需要的是什么：与孩子进行无暴力沟通》（Ich will verstehen, was du wirklich brauchst. Gewaltfreie Kommunikation mit Kindern.），慕尼黑，2020年出版

杰斯珀·尤尔：《从教育到关系：真实的父母——能干的孩子》（Aus Erziehung wird Beziehung. Authentische Eltern – kompetente Kinder.）英格堡·索洛西编著，弗莱堡（Freiburg），2005 年出版

杰斯珀·尤尔：《能干的孩子：通往全新家庭价值观基础》（Dein kompetentes Kind. Auf dem Weg zu einer neuen Wertegrundlage für die ganze Familie.），莱因贝克（Reinbek），2009 年出版

杰斯珀·尤尔：《自主的孩子：指导父母如何教育幼年期自主性强的孩子》（Dein selbstbestimmtes Kind. Unterstützung für Eltern, deren Kinder früh nach Autonomie streben.），慕尼黑，2020 年出版

杰斯珀·尤尔：《有能力的家庭：教育的新途径》（Die kompetente Familie. Neue Wege in der Erziehung.），魏因海姆（Weinheim），2017 年出版

杰斯珀·尤尔：《问杰斯珀·尤尔——与父母的对话》（Frag Jesper Juul – Gespräche mit Eltern.）魏因海姆，2012 年出版

杰斯珀·尤尔：《界限、亲近、尊重：父母和孩

子如何相互理解》（Grenzen, Nähe, Respekt. Wie Eltern und Kinder sich finden.），莱因贝克，2004年出版

杰斯珀·尤尔：《因爱说不：坚定的父母，强大的孩子》（Nein aus Liebe. Klare Eltern, starke Kinder.），慕尼黑，2008年出版（含有声书版本）

杰斯珀·尤尔：《我们的孩子患有慢性疾病：父母指南》（Unser Kind ist chronisch krank. Ein Ratgeber für Eltern.），魏因海姆，2014年出版

杰斯珀·尤尔和赫勒·延森（Helle Jensen）：《从服从到责任：一种新的教育文化》（Vom Gehorsam zur Verantwortung. Für eine neue Erziehungskultur.），魏因海姆，2017年出版

杰斯珀·尤尔：《今天吃什么？共同进餐让家庭更强大》（Was gibt's heute？Gemeinsam essen macht Familie stark.），慕尼黑，2015年出版

马蒂亚斯·弗尔切特和安德烈亚·凯斯特尔（Andrea Kästle）：《但我不想去徒步》（Ich geh' aber nicht mit zum Wandern.），慕尼黑，2015年出版

马蒂亚斯·弗尔切特：《父母的爱心引导：实践手册》

（Liebevolle elterliche Führung. Das Praxisbuch.），魏因海姆，2017年出版

马蒂亚斯·弗尔切特：《爱情的机会：伴侣如何不断重新发现对方》（Chancen verlieben sich. Wie Partner sich immer wieder neu entdecken können.），奥伯布查（Oberbucha），2014年出版

马蒂亚斯·弗尔切特：《和平分手……友谊长存》（Trennung in Liebe ... damit Freundschaft bleibt.），慕尼黑，2019年出版

马蒂亚斯·弗尔切特：《和平需要两个人，战争只需一个：伴侣如何以爱解决冲突》（Zum Frieden gehören zwei, zum Krieg reicht einer. Wie Paare Konflikte in Liebe lösen.），慕尼黑，2016年出版